川上ちひろ・木谷秀勝 編著

発達障害のある女の子・女性の支援

「自分らしく生きる」
ための
「からだ・こころ・関係性」
のサポート

金子書房

はじめに

　この書籍では，女の子・女性を一つのテーマとして取り上げます。
　皆さんが持つ「女の子・女性」のイメージはどのようなものでしょうか？

　　おんなのこって　なんでできてる？
　　おんなのこって　なんでできてる？
　　おさとうと　スパイスと　すてきななにもかも
　　そんなもんでできてるよ

　上記は，マザー・グースの詩の一節です。マザー・グースは15世紀から18世紀の間に作られた英語の伝承童謡ですが，こんな昔から（おそらくもっともっと昔から）女の子って，なんだか甘い感じがして，でもたまに刺激があるようにスパイシーで，でも総じて素敵な存在かも？　というイメージがあったことでしょう。女の子はフワフワした衣装を着て，甘いものを食べるのが好きで，気まぐれなことを言いながら，ファンタジーの世界に生きて……周りから見たら，他人に見せる面が多くて実態がつかみにくいのが女の子かもしれません。
　一方で，世界には魔女裁判という歴史もあります。15世紀から17世紀（先のマザー・グースが書かれた同じころ），西欧の国々で魔女狩りや魔女裁判が行われました。悪魔と結託してキリスト教社会を滅ぼすのではないかと疑いをかけたれた魔女（実際には男性も含まれていたようです）が大勢処刑されたと伝えられています。当時の社会的背景などさまざまな要因が絡んでいますので，ここで簡易に語ることはできませんが，妖術使いのような扱いをされたのは女性が持つなにか魅惑的な力を強調されてのことだったのかもしれません。また日本では，神に仕える巫女は女性ですし，沖縄や奄美のユタも女性です。過去から現在，古今東西，女性には不思議な力が宿っているのではないかとされてきた歴史を垣間見ることができます。
　読者の方は，男性・女性どちらもいらっしゃると思いますが，どちらの視点で見るかによっても女の子・女性に対するイメージは違うと思います。筆者らはこの書籍で女の子・女性に焦点を置きますが，決して「女の子・女性はこう

だ」「発達障害があるからこうだ」という画一的な捉え方や，考えを押し付けたいとは考えていません。

近年は，性別はスペクトラム（連続体）だという考え方もありますので，単に外性器の見た目の違いだけで，男の子，女の子と決定できないこともあります。性別に関しては様々な課題を孕んでいますので，今回はこのことについて語ることはしません。男の子はこうである，女の子はこうであると，ステレオタイプな例をあげるわけではありませんが，大きく分けて女の子・女性の側，やはり性別による特性の違いはあると感じています。その一つに，女の子・女性はいろいろなものに影響されやすい，ということがあると思います。

議論はありますが，気圧や気温など天候の変化によって体調の変化（頭痛やめまいなど）を感じる女性が多いということも言われています。感じ方には個人差はあると思いますが，外的な環境要因に左右されやすい可能性もあります。外的といえば，周りの人間関係によって心身への影響を受ける女性も多いようです。また，月に一度の月経は女性の心と身体のみならず，生活にも大きな影響を与えています。

先に挙げたマザー・グースの詩ですが，周りから見たら女の子ってふわっとした優しいイメージとは対照的に，女の子の内側では嵐のような強い風が吹き荒れているように感じていることもあるかもしれません。すっきり晴れない気持ち，むしゃくしゃする感覚，うまくいかないことへの苛立ち。今思えば，自分の感情コントロールができなかった，現状を適切に言語化できなかった，アサーション（適切な自己主張）が十分でなかった，など，個性に由来することなのか，性別に依存することなのかはっきりわかりませんが，言語化できない感情を抱えていることもあるでしょう（筆者の主観です）。

この書籍では，女の子・女性の特性がある上で，さらに発達障害の特性があるという方たちに焦点を当て，"さまざまな生き方"についてまとめています。社会は，まだまだ男性が中心で世の中が組み立てられていることもあります。さらに，発達障害の特性があることで同じ出来事でも彼女たちが感じていたり体験していることが，男性よりも，発達障害の特性がない女性よりも，何かし

らの負荷を感じながら，より限定された世界で生きているのかもしれません。発達障害のある女の子・女性の「からだ」と「こころ」と「関係性（人間関係）」，それぞれから問題や課題の解明と，国内で先進的に行われている専門家による具体的支援の方法を紹介しています。

　読者の皆さんには，発達障害のある女の子・女性が置かれているリアルな現状を感じていただきたいです。さまざまな課題や問題を抱えている発達障害のある女の子・女性は，見た目ではわからない壮絶な体験や想いを秘めていることもあります。文章にしてしまうとそのリアルさがうまく伝わらないかもしれませんが，「事実は小説より奇なり」の出来事は世の中でいくつも起きています。

　特に男性の支援者には，発達障害の特性以前に女性の特性の理解が難しいということもあるでしょう。この書籍を読んでいただいて，少しでも女性の特性，さらには発達障害のある女性の理解が深まれば幸いです。男性的視点や思考での当たり前を押し付けないで欲しいですし，欲を言えば適切な支援につながってほしいと願います。もちろん女性の支援者にも，自分たちの女性としての普通や当たり前を当てはめないで，個人として理解をしてほしいと思います。

　発達障害のある女の子・女性の皆さんには，決して世の中の女性の型に無理にはまらなくてもいいことを知って欲しいと思います。発達障害があるからこそ多様な生き方ができること，そして自分らしく，自分自身をもっと楽しみながら生きて欲しいと願いつつ，この書籍をまとめます。

2019年1月　　　亥年の春

　　　　　　　　　　　　　　　　　　　　　　　　　　　川上ちひろ

文献

谷川俊太郎（訳）．(1975)．マザー・グースのうた 第1集．草思社．
宮本常一．(2001)．女の民俗誌．岩波現代文庫．

CONTENTS

はじめに　　川上ちひろ　………………………………………………… i

第1章　発達障害のある女の子・女性の支援のための理解

[1] 発達障害のある女の子・女性のライフステージを見すえた理解と支援のあり方　　川上ちひろ ……… 1

[2] 発達障害のある女の子・女性の「多様性ある生き方」を支援するために　　木谷秀勝 ……… 7

第2章　発達障害のある女の子・女性の「からだ」からの理解と対応

[1] 学童期〜思春期の理解と対応　　廣瀬玲子・川上ちひろ ……… 14
　　事例❶「月経不順になった，ミヤビさん」のケース …………………… 14
　　事例❷「性感染症に罹患した，ハルミさん」のケース ………………… 19

[2] 青年期〜成人期の理解と対応　　岩男芙美 ……… 25
　　事例　「学校に行くだけでくたくたに疲れる，アユミさん」のケース ……… 25

[3] 感覚・不器用さへの理解と対応　　岩永竜一郎 ……… 31
　　事例「感覚面・運動面に問題を抱える，ハナコさん」のケース ………… 31

　解説　その目に見えない障害「からだ」との付き合い方　　木谷秀勝 ……… 39

発達障害のある女の子・女性の「こころ」からの理解と対応

［1］学童期の理解と対応　　　　　　　　　　　別府　哲 …… 41
　　事例　「トラブルを回避することで教室に入れなくなった, ハルカさん」のケース …… 41
［2］思春期～青年期の理解と対応　　　　　　　野村和代 …… 50
　　事例　「自分の思いがうまく伝えられない, エリさん」のケース …… 50
［3］成人期の理解と対応　　　　　　　　　　　中並朋晶 …… 58
　　事例❶「月経前になると心身ともに不安定になる, サオリさん」のケース …… 58
　　事例❷「出産前の情緒不安定さが長引いている, ヒカリさん」のケース …… 64
　　解説　成長するから生じる「こころ」の問題　　木谷秀勝 …… 69

発達障害のある女の子・女性の「関係性」からの理解と対応

［1］幼児期の理解と対応　　　　　　　　　　　山口真理子 …… 71
　　事例❶「すぐにかんしゃくを起こす, ユメちゃん」のケース …… 71
　　事例❷「登園をしぶる, アオイちゃん」のケース …… 75
［2］学童期以降の理解と対応　　　　　　　　　安田和夫 …… 80
　　事例　「いじめにあって転校した, サトミさん」のケース …… 80
　　解説　「からだ」と「こころ」から,「関係性」へ　木谷秀勝 …… 87

第5章 発達障害のある女の子・女性の青年期から中年期以降　　木谷秀勝 …… 89

第6章 当事者・家族の声

［1］当事者の立場から　　綿貫愛子 …… 109
［2］親の立場から ── 寛子と私の成長日記　　永山恵美子・木谷秀勝 …… 117
解説「当事者・家族の声」への耳の傾け方　　木谷秀勝 …… 124

第7章 二次障害への理解と対応

［1］外在化障害：暴力，自傷行為，万引きほか触法行為　　樋口純一郎 …… 126
　　事例❶「家出・万引きをくりかえした，ユウコさん」のケース …… 126
　　事例❷「暴力・自傷行為に陥った，アヤカさん」のケース …… 132
［2］場面緘黙，LGBTなど　　金原洋治 …… 138
　　事例❶「家の外でしゃべれなくなった，サクラコさん」のケース …… 138
　　事例❷「セーラー服を着ることを嫌がる，アンリさん」のケース …… 142
［3］身体表現性障害など　　大賀由紀 …… 148
　　事例「学校健診で視力低下を指摘された，ミサキさん」のケース …… 148
解説 見過ごせない問題，二次障害　　川上ちひろ …… 154

第8章 現場で取り組まれている発達障害のある女の子・女性の支援プログラム

［1］楽しむことをベースにした「アスペガールの集い」　木谷秀勝・岩男芙美 ……156

［2］東京都自閉症協会「ASN」・世田谷区「みつけばルーム」の実践
　　― 発達凸凹のある若者サポートの現場から　　　　尾崎ミオ ……164

［3］NPO法人アスペ・エルデの会の実践　　　　　　　川上ちひろ ……175

第9章 【対談】発達障害のある女の子・女性が「自分らしく」生きるために
　　　　　　　　　　　　　　　　　　　　　川上ちひろ・木谷秀勝 ……185

おわりに　　木谷秀勝 ……………………………………………195

第1章 発達障害のある女の子・女性の支援のための理解

1 発達障害のある女の子・女性のライフステージを見すえた理解と支援のあり方

川上ちひろ

1 発達障害のライフステージを見すえた理解と支援

　超高齢化社会を迎え，支援をする側，支援を受ける側の区別なく，すべての人たちが豊かな人生を過ごすため，WHO（世界保健機構）は，健康について「肉体的にも，精神的にも，そして社会的にも，すべてが満たされた状態」と定義しています。この視点は，個人が生活する文化的背景の中で，一人ひとりに応じたQOL（Quality of Life：生活の質）の維持・向上を重視する視点でもあります。

　事実，超高齢化社会においては，旧来からの加齢とともに生活機能だけでなく，さまざまな能力が低下する考え方から，どのような年齢層であっても，その年齢だからこそ可能な人生の楽しみを主体的に探索できる能力（つまり，QOL）には，衰えることがないこともわかってきました。

　このように，人生のそれぞれの段階で，その個々人に最適なQOLを考えていこうとする視点が，「ライフステージを見すえた理解」であり，QOLを探索するために必要なサポートをすることを，「ライフステージを見すえた支援」だと考えています。

　そして，ライフステージを重視した支援のあり方は，わが国でも議論され始めた青年期以降の発達障害者への理解と支援の根幹をなす考え方にもつながっています。

② 発達障害のある女の子・女性のライフステージを見すえた理解と支援

　発達障害のライスステージを見すえた理解と支援を検討する場合，特に，発達障害のある女の子・女性の場合には，2つの視点（軸）から考えることが大切です。1つは，乳幼児期以降の各成長過程（この場合，青年期以降も含まれる）で必ず直面せざるを得ない「人生上の出来事（ライフイベント）」の際に必要な理解と支援のあり方です。これを縦軸の視点とします。もう1つは，各成長過程で特徴的に変化する身体・情緒・対人関係等の理解と支援のあり方です。これを横軸の視点とします。

（1）縦軸の視点から

　先に述べたように，発達障害の成長（発達と発育の意を含む）に関わる際に，ライフステージを見すえた理解と支援を縦軸の視点として，具体的には，乳幼年期・児童期・青年期・壮年期・老年期を経る過程で，経験するライフイベント（出生，学校への入学，卒業，就職，結婚，出産，子育て，退職，老後の生活など）上で生じやすい問題点を整理することが，支援の基盤作りには重要な視点です。

　成長は連続的なものです。ある日突然身体が大きくなっている，翌朝起きたら苦手なことが急にできるようになるわけではありません。毎日の積み重ねによって一歩一歩階段を上るように将来に向かっていくものです。発達障害のある子で，（見かけ上）突然できるようになった，ということを耳にします。ところが実際は，それまでの積み重ねがあったから，ある日突然発揮できたように見えるだけで，やはり日々の練習や働きかけが必要だとわかります。すぐに効果がみられないことがあるかもしれませんが，将来を見すえながら生活に必要なスキルを幼い頃から青年期以降までも根気強く取り組むだけの意味は確かにあります。こういった面から見ても，情報共有を含めた連続性をもった（途切れることのない）縦軸の視点からの支援は重要になってきます。

　特に，女の子・女性の場合，それぞれのライフステージにおいて，本人だけでなく，周囲の人たちにとってもインパクトの強いライフイベントが待ち受けています。生殖に関する月経，結婚，出産の経験自体や，それに付随して生じ

る情緒・対人関係上の変化は，女性としての生き方を再構成させられる大きな転機になるはずです。

しかも，発達障害のある女の子・女性の場合には，それらのライフイベントの捉え方や乗り越え方に，本人も周囲も理解しがたい障壁が生じることは容易に推測できます。また，以下の章で示す事例からも，発達障害のある女の子・女性特有の問題への理解と支援を適切に進めなければならない理由も明確になることを期待しています。

（2）横軸の視点から

次に，横軸の視点から発達障害のある女の子・女性の理解と支援について考えてみましょう。本書では，各成長過程で特徴的に変化する身体・情緒・対人関係等の問題を，3つのキーワードとして「からだ」，「こころ」，そして「関係性（人間関係）」で示しています。

成長過程に適した「からだ」の理解と支援は，医療・教育・福祉等の現場でたくさん実践されています。「からだ」は，定型発達児の発達や成長を基準にした指標があり，発達障害の基準でも適用できて，アセスメントも容易です。

しかし発達障害のある女の子・女性では，「からだ」の理解と支援に困難さが生じやすいことがわかってきました。実は，その背景に「こころ」の問題が大きく立ちはだかっています。発達障害のある女の子・女性の場合，「こころ」の問題が往々として「からだ」で表現されるからです。

こうした「からだ」と「こころ」の問題を複雑化される要因が「関係性」です。「関係性」の理解と支援は，特に気をつけなければならない視点と言えます。定型発達の場合，この「関係性」について教えられなくても，生活の中から何となく自分に合った方法を学んでいきます。ところが，発達障害のある女の子・女性にとって，「関係性」の問題が最大のストレスであるとも言われています。ビミョーな関係を読み取ること，関係を構築・維持するためにうまく立ち回らなければいけないことは，おそらく男の子・男性よりも，女の子・女性のほうが敏感に反応するだけでなく，強要されやすい一面があることも事実です。

ただし，「関係性」の問題は，縦軸の視点から見ると，将来的に豊かな人生を過ごすための友だち，仕事上の同僚，自分自身に合ったパートナーを見つける

ためにも重要になってきます。つまり「関係性」の理解と支援が効果的に進むことは、そのまま「からだ」と「こころ」の理解と支援にもつながります。このことを忘れないでください。

3　発達障害のある女の子・女性が抱える「性」の問題から支援を考える

　発達障害のある女の子・女性の理解と支援を考える際に、先ほどのライフステージの視点と同様に、「性」の視点から支援を考えることが大切です。しかも、ここで示す「性」は、"Gender"で説明される「性役割（自分らしさ）」と、"Sex"で説明される「性差」の両面から支援を考えてみましょう。

（1）女の子・女性「らしさ」の支援

　筆者が関わっている発達障害のある女の子が、男性支援者から、「女性らしい服装や髪形をしたらどうだ」と言われ、困惑したことがありました。その支援者にしてみたら深い意味がない何気ない一言だったかもしれませんし、他の女の子にも同じように声をかけていたかもしれません。しかし、その女の子は支援者の言葉がとても気にかかり、だんだんその支援者と会うのが辛くなってしまい、とうとう会うことを拒否してしまいました。その女の子は「私は地味な色が好きだし、ズボンをはいたり、髪を短くしたりしている方がいい。スカートをはいたり髪を伸ばすのは好きではない、でも女の子だとスカートをはかなくちゃいけないのか……」と真剣に悩んでいました。その子の服装や髪形は、その男性支援者にとって女性らしくないという主観的な判断にしかすぎません。

　ステレオタイプの「らしさ」を求めることは、発達障害のある女の子に必要なのだろうかと考えてしまいます。このように第三者から見るとボーイッシュな（男の子っぽい）格好かもしれませんが、その方が落ち着くという女の子がいる以上、「らしさ」は女の子らしさではなく、「その子らしさ（個性）」を認めることが必要です。

　性別もスペクトラム（連続体）だと捉えると、性別に関するいろいろなことが解決できます。見た目は男性だけど気持ちは女性らしい人、見た目は女性だけど心は男性であるなど、性に関してさまざまな身体や心を備えている人がいま

す。さまざまな性のあり方があってもいいのだということが納得できるでしょう。そうなると性も性格と同じように「その子らしさ（個性）」の一つと捉えることが可能かもしれません。

先に紹介した女の子は，単にボーイッシュな格好が好みの女の子ということになります。だからと言って，男の子であるということでもありません。おそらく身体的にも心理的にも女の子です。女の子の性をもって生まれてきたのであれば，面倒だと思っていても定期的に月経がやってきますし，最低限の手当てが必要になります。社会で最低限のマナーが守られていることが前提で，「その子らしさ」を尊重した支援が進むことを期待しています。

（2）「性差」を意識した支援

一方，「性差」を意識した支援は，医療・教育などの分野では必要になってきます。男性であるか女性であるかによって，体のつくりが違うことはもちろん，かかりやすい病気も異なるという生物学的な違いが生じます。そうなると，日常生活で気をつけたほうがいい点が男性とは異なってくることは確かです。たとえば，基礎代謝量が男女で異なるため，男性と同じ量を食べると女性のほうが太りやすい，乳がんになるリスクが高くなるためアルコール摂取を控えたほうがよいなどの報告があります。教育現場では，男女別の名簿を使用しないことは一つの配慮です。他には着替えが必要な時の支援教員の性別や，着替えの場所，トイレなどへの配慮も必要です。

このように，そもそもの体のつくりを基本とした事柄に関しては，性差を意識した支援は重要ですが，その背景として，男女それぞれの性差をお互いに尊重する姿勢があって初めて支援が効果的に進むことを忘れてはいけません。

4 発達障害のある女の子・女性が自分の人生を楽しめるための伴走者として

発達障害のある女性当事者が社会で活躍する時代になりつつあります。テレビに出演されるタレントや知識人，作家や研究者など多分野にわたっています。ただし，マスコミなどに出て社会的に影響がある仕事や生き方をすることが，よいことと評価されるわけではなく，当事者自身が「これでよい」と満足できる

「自分らしい」生き方ができることが重要です。支援者としてそんな役割が果たせるならとても幸せに感じます。

　筆者の主観ですが，女性は女性に厳しい面があると感じています。とくに関係が近くなると，「こうあるべき」「できるはず」ということを押し付けがちになります。ですから，自戒を込めて女性支援者は自分の女性像を，発達障害のある女の子・女性に重ねないようにしたいものです。また，男性の支援者は，女の子・女性というのは特性があろうがなかろうが常にいろいろなことに迷い，人間関係に悩んでいると理解してもらえることを望みます。

　このように，発達障害のある女の子・女性にとって大切な「人生のパートナー」になってもらうためにも，本書を次に示す2つの視点を意識しながら読み進めてもらえると幸いです。

　第1に，横軸の視点でも述べていますが，「関係性」についてです。発達障害のある女の子・女性は，人間関係にとても敏感で繊細です。ほんの少しのズレでも感じ取り，そのズレが許せないこともあります。しかし，基本的な人間関係の理解ができていないこともあります。たとえば，客観的に見た関係はどんなものなのか（主観的ではなく），その関係で許可される行動は何なのかなどです。そのために，不要なことで悩み，不要な行動をしている（もしくはその逆も）こともあります（本人はすぐに納得できないかもしれませんが）。

　第2に，「自己理解」についてです。先の「からだ」や「こころ」のことを含めて，自分の好きなこと（得意なこと）や嫌いなこと（苦手なこと）などを言語化できることは，おそらく最期を迎えるそのときまで役に立つはずです。イヤなことを我慢して，我慢して，最後に爆発するよりも，タイミングよく相手に伝えられるほうが何倍もスムーズに人間関係を構築できることは確かです。障害特性のある自分の人生を魅力的に生きるために，障害特性をプラスの力に変えられたなら，そんなハッピーな人生は他の人には味わえないでしょう。

【文献】

油井邦雄・相良洋子・加茂登志子．（2005）．実践・女性精神医学：ライフサイクル・ホルモン・性差．創造出版．

2 発達障害のある女の子・女性の「多様性ある生き方」を支援するために

木谷秀勝

1 発達障害のある女の子・女性が抱える問題点

　近年，発達障害への理解の広がりとともに，発達障害のある女の子・女性（以下，発達障害の女性）への関心が高まってきています。加茂（2010）は精神疾患全体で生じる性差によるアプローチの違いについて言及しています。また，砂川（2015）は，自閉スペクトラム症（以下，ASD）の女性に見られる障害を「見えにくくする要因」の分析からASDの女性に適したアセスメントや支援の方向性を示唆しています。

　このように発達障害の女性の診断の難しさや抱える問題点が顕在化しにくい背景には，多数を占めていると思われた発達障害の男の子・男性（以下，発達障害の男性）に特徴的な行動や問題点を中心にした診断基準や問題行動への対処法が研究されてきた経緯があります。

　こうした従来からの発達障害への固定的な視点から脱却するため，Bargiela et al.（2016）は"Female Autism Phenotype"，つまり「女性の自閉症に特有な行動様式」への理解と支援に関連して，「（男性よりも）社会的動機づけや慣習化された友達関係を作る能力が高いこと，さらに，多動／衝動性や素行上の問題といった外在化行動が少ない一方で，不安や抑うつや摂食障害といった内在化障害が生じやすい。同時に，限局化・同一性保持行動では，低い得点になりやすい」と指摘しています。また，心身医学の領域でも，傳田（2017）や岡本ら（2017）が「行動上の問題が少ないがために支援が遅れる可能性があり，思春期青年期になって摂食障害として発症する例も多い」と示唆しています。

　以上のように，発達障害の女性が抱える潜在的・顕在的問題に対しては，より慎重な生育歴の確認とアセスメントなど，新たな発達障害観への視野を広げていく必要性が高いことがわかります。

2 「多様性ある生き方」から発達障害の女性への理解を考える

　実際の臨床場面で，多くの発達障害の女性の面接を通してわかることは，成長するにつれて生じてくる「自分らしさ」をめぐる葛藤状態が強いことだと筆者は考えています。その場合，上出・須見（2015）が指摘する「女性らしさの獲得」も重要な支援の方向性として想定しないといけません。しかしながら，面接場面で聞かれる「女の子らしくしなさい」「女性なんだから，ダメ」といった旧来からの女性像に対して，混乱，あるいは拒否的な同一化の方向に進む発達障害の女性もけっして少なくありません。Mckibbin（2016）は，自身のASDの娘を育てた経験から，「女の子らしく」に捉われることなく，"Gender Neutrality"，つまり「自由度の高い性」を自分から選択することができるように成長を支援する姿勢が重要だと述べています。このように「自分らしさ」を主体的に選択する生き方を，Singer（2017）は「脳の多様性：Neurodiversity」と提唱しています。彼女自身も，そして母親もアスペルガー障害の当事者であり，当事者だからこそ可能な自由度の高い発想から生まれた概念と言えます。

　そこで注意しないといけない点は，単純に「多様性ある生き方」を教えればいいのではなく，個々の発達障害児者が主体的に選択しようとする「能動的生き方」が重要になっています。典型的な例が，Second Lifeに代表される仮想世界のAvatar Site上でChattingに参加している自閉症の人たちの姿です（池上，2017）。仮想現実という安全かつ安心な環境の元で，アバター（自分の分身）として自閉症の人同士が，現実では発揮できない活発なコミュニケーションを能動的に展開しています。

　こうした環境や自分自身のアバターを能動的に選択すること，その上で自由度の高い「自分らしい」参加の仕方（傍観することも可能）を，能動的に選択する生き方こそが，「多様性ある生き方」であり，すべての発達障害の人にとって新しい文化として，多くの支援者が重視しなければならない時代を迎えています。

3 発達障害の女性にとっての「多様性ある生き方」への支援の重要性

　次に，「多様性ある生き方」を支援する重要性について，具体的に検討しま

しょう。

　そこで，発達障害の女性特有の問題として，内在化障害に関する研究を紹介します。Oswald et al.（2016）は，青年期のASDで生じる内在化障害（特に抑うつと不安）の性差に関する報告を行い，「ASDの女性の場合，思春期に抑うつのリスクが高く（青年期では減少する），一方ASDの男性は青年期後期に高くなること，不安に関しては，ASDの男女ともに思春期よりも青年期に高くなる」と指摘しています。この性差の背景として，「早い二次性徴，親密な友人関係が持てないこと，周囲への生理的拒絶感，そして否定的な認知様式とファンタジーへの没入など，が考えられる。つまり，遺伝的，内分泌的（ホルモン），そして心理社会的な脆弱要因が複雑に絡みあった結果として，抑うつ状態のリスクが高まる」ことを指摘しています。

　以上の研究結果から，発達障害の女性の「多様性ある生き方」への支援の方向性が，次の3点として明確になってきます。

　第1に，抑うつ状態が顕在化する思春期からではなく，それ以前の早い段階から支援を始めることの大切さです。Hartley & Sikora（2009）は，1歳5か月から3歳9か月のASDの男女を比較調査した結果，女の子は男の子よりもコミュニケーションの欠如が高いこと，また，睡眠の問題や不安や抑うつ的な感情が強く見られると指摘しています。つまり，思春期で顕在化する不安定さは，既に幼児期から不安定さのリスクが生じており，成長とともに複雑に絡み合った脆弱要因がストレスとなって，思春期に顕在化すると理解しないといけません。それだけに，早期からの適切な支援が重要になります。

　第2に，なんらかの身体症状を通した，独特な困り感の表現方法への理解が大切です。先に紹介した岡本ら（2017）では，「思春期は自己の容姿が自己評価と結びつきやすい。ASD者は特に視覚的にとらえやすい外見にこだわる。もともと自己評価が低い者はなおさらこだわりやすい。女性でやせることにこだわり，摂食障害が発症しやすいのもこの時期である」と指摘しています。町田ら（2016）は小児神経性やせ症への治療では，「患者特有の特徴を理解したうえでの独自の工夫が必要である」と指摘しています。同様に，上出・須見（2015）の症例報告（ASDの思春期の心理療法）でも，「第二次性徴の身体的変化との付き合い方」が効果的だったことを示唆しています。このように，発達障害の女

性の場合，内在化障害の併存の問題と，発達障害の特性に起因しているコミュニケーション上の障害や感覚障害の関連性を十分に理解しながら，その独特な困り感の表現方法への理解と対応を検討することが重要です。

第3に，長期的な視点から発達障害者にとって「多様性ある生き方」ができているか否かを検討ことが大切です。Coon et al.（2016）は，中年期以降のASDにとって，心理社会的ストレスは，年齢を重ねる毎に生じる大きな課題の1つになること，そして，その年齢特有の症状形成に影響すると指摘しています。つまり，「心理社会的ストレスは，ASDにとって生涯にわたって生じてくる環境的リスク要因の1つになる」わけです。現時点の研究では，発達障害で男女の差異なく，思春期から青年期にかけての学校適応（大学を含む），就労や就労維持など，個々の社会適応の促進・維持を中心とした支援を検討されてきました。しかしながら，高機能群の研究が進むにつれて，青年期以降に必然的に生じる性や結婚の問題に関するLong-Term PartnerやLong-Term Relationshipsの重要性（Attwood, 2007, Hendrichx, 2008）や妊娠・出産・育児をめぐる諸問題（笠原，2009，岩田，2015，福元ら，2016）など，女性だから可能な新たな生き方への模索と同時に，さまざまなリスク要因を検討すべき時代が来ています。このように，長期的な視点を踏まえつつ，発達障害の女性に特化した「多様性ある生き方」への支援を明確にする必要性が急務となっています。

4　本書の目的：具体的な支援について事例を通して考える

発達障害の女性が抱える「多様性ある生き方」への模索とそこに生じるさまざまな問題点について，本書では，次の示す2つの視点から検討を進めます。

第1に，幼児期から成人期までのそれぞれの発達段階で見られる問題とその支援の進め方についてです。既に共同編者の川上が本章［1］で書いているように，発達障害の女の子から女性へと心身ともに成長する過程について，事例を通して詳細に検討することで，当事者だけでなく，家族が将来的な見通しへの理解を深めることが重要です。

発達障害の女性をもつ家族は，親の会や自助グループに参加した場合，発達障害の男性が抱える問題と支援の進め方を聞いても，女性が抱える独特な心身

の問題を周囲に理解してもらえないため，強い孤独感を感じることがあります。しかも，一見適応がいいように見える（もちろん，過剰適応ですが）ので，周囲から羨ましがられることが多く，家族自身も二次的な傷つきを体験している場合があります。そのため，元々最良な支援に関する情報が乏しいなか，親子ともに苦悩してしまい，大切な思春期から青年期で内在化障害を起こしている事例もあります。

　したがって，本書では，事例報告の形式を取りながら，幼児期からの対応に始まり，思春期から青年期の発達課題を理解することで，将来への見通しを持てる安全かつ安心な支援の進め方のヒントを得ることができるように意図しています。同時に，最近増えつつある子育ての困難さから母子で相談に来る母親自身に発達障害が認められる事例を通して，青年期以降の問題も検討します。

　第2に，成長段階で生じる問題や支援が縦の軸だとすれば，目次からもわかるように，「からだ」と「こころ」と「関係性」をキーワードとした横の軸からの検討を試みています。

　しかも，3つの視点をできるだけ具体的に理解してもらうために，心理・教育・福祉の立場だけでなく，医療現場で活躍されている産婦人科，精神科，小児科等の専門家にも執筆を依頼して，快諾を得ることができました。また，当事者の立場，そして親の立場からも投稿いただくことができました。

　こうした広い視野から発達障害の女性がかかえる問題を整理することで，日々の支援の大変さだけでなく，女性だからこそ可能なストレングス（強み）も見えてくることを期待しています。

5　まとめにかえて：人間として，女性として，ちょっぴりアスペガールとして

　「人間として，女性として，ちょっぴりアスペガールとして」── このキャッチコピーは，筆者らが行っている「アスペガールの集い」の基本原則です（岩男ら，2017・2018）。われわれの活動では，「多様性ある生き方」の基盤にリフレッシュのためのソフトスキルの充実が必須だと考えています（木谷，2018）。この視点は，最近注目されているレジリアンスやストレングス，そしてギフテッド（Gifted）にも通底している視点です。

実際に，われわれの活動（第8章参照）に参加しているアスペガールの活き活きした姿を見ていると，発達障害や女性という枠からはなれて，本当に自由度の高い1人の人間として個「性」を尊重しながら関わることで，彼女たち自身も本来の個「性」を安全かつ安心に表現できることがわかってきました（岩男ら，2018）。逆に言えば，彼女たちは，日常生活や社会の中で，自らの女性「性」を含めた個「性」に対する否定的，あるいは混乱したジェンダー（Gender）を抱えながら生きているのではないかと考えています。

　こうした同一性混乱の様相は，LGBT当事者の理解にも重なるものがあります。Ehrensaft（2011）は，自分自身の子どもの体験を通して，従来からの「男の子は男の子らしく，女の子は女の子らしく」といった2分化された考え方ではなく，子ども達の成長は，"gender-creative journey"として，ありのままに自由に探索（creative）しようとする主体性あるジェンダーのあり方が重要だと述べています。また，副題の「（従来からの）性規範に従わなくても健康な子ども達を育てる」とあるように，心身の健康さが基盤にあるからこそ，自らのジェンダーを主体的に探索する旅を続けることが可能になります。

　われわれが行っている活動も，こうした長い人生という旅を続けている当事者がちょっと疲れた時に立ち寄ることができるオアシスであり，本書も，そのような旅人達にとっての心のオアシスになることを願っています。

【文献】

Attwood, T. (2007). The Complete Guide to Asperger's Syndrome. Jeccica Kingsley Publisher.

Bargiela, S., Steward, R. & Mandy, W. (2016). The Experiences of Late-diagnosed Women with Autism Spectrum Conditions: An Investigation of the Female Autism Phenotype. J. Autism Dev. Disord. 46: 3281-3294.

Coon, H., Gregg, C. & Bakian, A. (2016). Wright, S. (Ed) : Autism Spectrum Disorder in Mid and Later Life. 52-71.

傳田健三．(2017)．自閉スペクトラム症（ASD）の特性理解（特集：心身医学の臨床における発達障害特性の理解）．心身医学，57（1），19-26．

Ehrensaft, D. (2011). Gender born, Gender made: Raising healthy gender-nonconforming children. The Experiment publisher.

福元崇真・乾明夫・田中洋・野添新一．(2016)．妊娠後期の精神的サポート及び出産後1年

半の母親の育児ストレスと児童が抱える発達障害様相との関連性．女性心身医学，20（3），308-315.

Hartley, S. L. & Sikora, D. M. (2009). Sex Differences in Autism Spectrum Disorder: An Examination of Developmental Functioning, Autistic Symptoms, and Coexisting Behavior Problems in Toddlers. J. Autism Dev. Disord. 39: 1715-1722.

加茂登志子．(2010)．精神疾患における性差．診断と治療．98（7），69-73.

笠原麻里．(2009)．広汎性発達障害の女性における妊娠・出産・育児．精神科治療学，24（10），65-69.

Hendrickx, S. (2008). Love, Sex & Long-Relationships. Jeccica Kingsley Publisher.

池上英子．(2017)．ハイパーワールド：共感しあう自閉症アバターたち．NTT出版．

岩男芙美・豊丹生啓子・土橋悠加・牛見明日香・飯田潤子・木谷秀勝・中庭洋一．(2017)．青年期の女性ASDへの「自己理解」プログラムの試み．第58回日本児童青年精神医学会総会ポスター発表．

岩男芙美・豊丹生啓子・土橋悠加・牛見明日香・飯田潤子・木谷秀勝・中庭洋一．(2018)．青年期の女性ASDへの「自己理解」プログラムの試み（第2報）．第59回日本児童青年精神医学会総会ポスター発表．

岩田千亜紀．(2015)．高機能自閉症スペクトラム障害（ASD）圏の母親の子育てにおける困難とニーズ：当事者に対する質的研究に基づく分析．社会福祉学，56（3），44-57.

木谷秀勝．(2018)．発達障害のある子の自己理解－二次障害を防ぐ．児童心理．72（5），56-62．金子書房．

町田知美・町田貴胤・田村太作・遠藤由香・福士審．(2016)．自閉症的特性を生かした食事の工夫が体重増加に効果的だった小児神経性やせ症患者の1例．心身医学，56（5），460-466.

Mckibbin, K. (2016). LIFE ON THE AUTISM SPECTRUM; A Guide for Girls and Women. Jessica Kingsley Publishers.

岡本百合・三宅典恵・永澤一恵．(2017)．思春期青年期の自閉症スペクトラム（特集：心身医学の臨床における発達障害特性の理解）．心身医学，57（1），44-50.

Oswald, T. M., Winter-Messiers, M. A., Gibson, B., Schmidt, A. M., Herr, C. M. & Solomon, M. (2016). Sex Differences in Internalizing Problems During Adolescence in Autism Spectrum Disorder. J. Autism Dev. Disord. 46: 624-636.

Singer, J. (2017). Neurodiversity: The Birth of an Idea. Paper Back.

砂川芽吹．(2015)．自閉症スペクトラム障害の女性は診断に至るまでにどのように生きてきたのか：障害を見えにくくする要因と適応過程に焦点を当てて．発達心理学研究．26（2），87-97.

上出真奈・須見よし乃．(2015)．自閉症スペクトラム障害（ASD）をもつ思春期女子の心理療法1例－女性らしさの獲得へのアプローチ．子の心とからだ，24（3），303-307.

第2章 発達障害のある女の子・女性の「からだ」からの理解と対応

1 学童期〜思春期の理解と対応

廣瀬玲子・川上ちひろ

事例 1 「月経不順になった，ミヤビさん」のケース

1 プロフィールと主訴

（1）ミヤビさんのプロフィール

　ミヤビさんは自閉スペクトラム症（ASD）の診断があり，特別支援学級に在籍している中学3年生（15歳）の女の子です。FIQ（全検査知能指数）は110で知的理解度に遅れはなく，療育手帳は持っていません。体型は身長が155cm，体重は39kgで，濃く落ち着いた色の服が好きで，休日はズボン姿のボーイッシュな格好をしています。

　こだわりが非常に強く思い込んだらやり遂げるまで続けてしまい，小学1年生の時教室の床拭き掃除の時間が過ぎても止めることができないなど，さまざまな行動を繰り返して担任の先生に注意されたり，クラスメイトにからかわれたりして，徐々に心身ともに疲れて，教室に入れなくなりました。

　心配した両親が専門機関で相談し，ASDの診断を受けました。そして小学2年生から特別支援学級（情緒）の在籍になり，学級に慣れてくると毎日自分で通えるようにもなりました。中学校は自宅から遠いのですが，雨風構わず毎日休

むことなく歩いて通っています。

ミヤビさんは学級担任に最近関心があるダイエットについてよく尋ねているそうです。食事は感覚過敏で野菜は全く口にせず，温かい白飯を茶碗少量とソーセージなどの魚肉の加工食品を少量食べる程度です。空腹になるとスナック菓子や菓子パンを隠れて食べています。

父親は会社員，母親はパートで働いており，3人家族で生活をしています。母親は心配性で過干渉のところがあり，ミヤビさんに対して先回りして手伝っていることが多いようです。

(2) 主訴

主訴は「月経が来なくなった」ということでした。ミヤビさんは小学5年生に初経があり不規則ながら（周期が長い）定期的に月経がありましたが，中学校に入ってさらに周期が長くなり，経血の量も少なくなっていました。中学3年生になり3か月ほど月経が来ていないことを母親が心配して，初めて産婦人科（女性外来）クリニックを受診しました。

1回目の外来受診のときに医師から，「基礎体温表を3か月間記入してくる」という宿題を出されて，3か月後の2回目の受診のときに持ってきてもらいました。

2　事例解説

(1) 一般的にいわれていること

一般的な月経の正常範囲は，月経周期（25〜37日），継続日数（3〜7日），出血の量（1回20〜140g）です。正常範囲より周期や日数が長い（または短い），経血量が多い（または少ない）と月経不順であり，何らかの問題や病気の有無が予測されます。月経の様子を知るために，まず3か月継続して基礎体温表（月経の様子，起床時の体温，心身の様子など）を記入してもらいます。医師はその結果を参考にしながら，問診を交えて診断をします。

また，生活の仕方，食生活，体型も重要な情報です。思春期の女の子にとっ

て必要栄養の摂取や適度な運動は，身体発達や心身の安定にもつながり，バランスのよい成長に大きく影響します。月経には毎月大量の血液が必要なので，血液を作るためには十分な食物や栄養素，たとえば，タンパク質・鉄・ビタミンB等が必要ですので，摂取が極端に偏ると月経不順につながります。また生活リズムが乱れたり，精神的状態が不安定になることで月経不順になることもあるなど，月経はさまざまな要因に影響されやすいものです。

BMI（身長と体重から計算する体格指数）の正常値は18.5以上〜25未満で，18.5未満が＜痩せ＞です。また，17〜18で月経不順，16以下で無月経になると言われています。

正常範囲の月経に戻すには，子宮などの病気がないかを調べ，適切な生活習慣や食生活に修正します。

（2）ミヤビさんの背景にあるもの

今回の件は，母親が2人分あるはずの汚物（使い終わったナプキン）が自分の分しかないので，ミヤビさんに聞いてみたところ月経不順が発覚したとのことでした。

医師から言われたように，3か月間母親と一緒に基礎体温表をつけました。ミヤビさんのこだわりもあり一日も忘れることなく毎朝基礎体温を測り，経血の量，体調の変化もメモしました。母親には，学校での行事やトラブル，日常生活で気になった事を記録してもらいました。

基礎体温表では，体温の変化が見られず（高温期がわからない）35℃台と比較的体温が低かったようです。3か月間で月経は1回で，経血は黒茶色に近い色で量は見た目にもとても少なかったようでした。

ミヤビさんは極端な栄養摂取の偏りがあり，一見すると摂食障害と同じ状態像です。しかしその背景には"こだわり"があるため，障害特性を検討する必要があります。ミヤビさんは感覚過敏やこだわりによって，食べられる物がかなり制限されていました。また，以前好きなアニメの主人公の「細身の身体がいい」というセリフが耳に残って，"痩せなきゃ"と思い込み，ますます食事を制限するようになりました。どんどん痩せ（BMI 16.23），青白い顔色で便秘（1週間に1〜2回）にもなっていました。運動もしなくちゃいけないと，天気が悪

日も歩いて学校に行っていましたし，休みの日は自転車で遠出するなど過剰に活動していました。

　中学3年生は勉強が難しくなり，将来のことを考えなければいけない目に見えない重圧や，思春期になって人目を気にするようになったようで，心身に大きなストレスがかかっていたと考えられます。結果として過活動でカロリーを消費し，過敏さが増して摂取量が減り体重減少になったようです。

（3）ミヤビさんへの対応・支援

　クリニックでは，以下のような対応策を考えました。

---
① 鉄，タンパク質，ビタミンB群が十分含まれるバランスよい食事で，必要量摂取（中学生女子2,300kcal程度）を心掛ける。
② 質の良い睡眠時間（熟睡）を十分に取る（寝る前にテレビ，スマホやタブレットなどの画面を長時間見ない。寝る前に温かいお風呂に入る。シャワーではなくお湯に浸かる）。
③ 漢方を試してみる（効果を上げたり，成長期の女の子の心身への負担を最小限にするために補助的に服用する。診察した医師の診断や，本人の状態にもよるので必ずしも処方されるものではない）。

　まずは食べることが大切です。お菓子よりも食事で摂ることを目標にします。思春期に十分な栄養分を摂取しておくのは，後々の身体にも影響します。例えば出産後にうつになるのを防ぐことにもつながると言われています。

　また上記の対応策は「身体を温め循環を良くすること」が目的です。生活習慣の一部として取り入れられるといいでしょう。運動は大切ですが，過度な運動はよくありません。適量の設定は難しいですが，体重減少しない程度の運動量がよいでしょう。

（4）対応策による介入の結果

　ミヤビさんは母親と一緒に，対応策を実践し始めました。今までの考え方や生活習慣を急に変えることは難しいことでしたが，まずはできること，無理の

ないところから始めました。

　ミヤビさんは，色々な食材や量を食べることが苦痛でしたが，母親が料理の工夫をしてくれて，野菜を練りこんだパンを焼いたり，野菜を細かく刻んだハンバーグを作ったり，すこしでも口にできるものを作りました。運動は体重が増えるまでは控え，母親の送迎で学校に通いました。

　3か月間続けてみると，ミヤビさんの顔色に赤みがさしてきました。食事の量が増えてきたので，排便も1週間に3〜4回あるようになりました。月経はまだ周期が長く3か月で1回でしたが，経血の量が増えてきました。

　ミヤビさんは，月経の経過観察のために，引き続きクリニックに通うことになりました。また，今回の内容は母親から養護教諭や担任にも伝え，理解と協力を得ました。ストレスはすぐに解消されませんが，学校では養護教諭という身体のことが話せてわかってもらえる大人の女性の味方ができて，ミヤビさんにとって安心できる場ができました。

ある当事者の声

私もミヤビさんと同じく，10代の頃クラスの男子たちが痩せている方がいいと話していたのを耳にして"痩せなきゃいけない"と思い込んでしまい，食事制限をしていたら月経不順になりました。産婦人科にかかったら，食事のバランスが乱れているためだと教えてもらいました。今は自分の身体は自分で調整する意識をもって，きちんと食事も摂っています。（20代・女性）

この事例のOne-Point

月経に問題がみられたときは，まず基礎体温表をつけてみましょう。

事例 ❷ 「性感染症に罹患した，ハルミさん」のケース

1 プロフィールと主訴

（1）ハルミさんのプロフィール

　ハルミさんは自閉症とADHDの診断があり，特別支援学校に在籍している高校3年生（18歳）の女の子です。FIQは68で，知的理解度に軽度の遅れがあるため，療育手帳を持っており小学校から特別支援学校に通っています。体型は身長が158cm，体重は65kgで，服装は母親が購入して与えたものを着ています。

　幼い頃は一人でひたすらたくさんの人形を並べていたので，母親が片付けようとするとひどく怒って泣き喚いたり，保育園ではうまく自分の想いを伝えることができず友だちを怒らせてしまったり，友だちとのトラブルに対して保育士さんが一方的にハルミさんを注意したときに経緯がうまく説明できずにパニックになることもありました。

　また小学生の頃から，落とし物や忘れ物が多い，言われたことを忘れてしまうなど，不注意と思われるさまざまな行動を繰り返しています。母親や担任に注意されますが，本人の行動が変わらないのでさらに注意をされることを繰り返しています。手先の不器用さがあり，机まわりや荷物の整理整とんがうまくできずいつも散らかっています。中学生になって初経がありましたが，月経の時のケアをするがうまくできず，パットがずれてしまって服を汚すこともありました。給食は残さず食べ，好きなおかずはおかわりもします。副担任が女性なので，身だしなみなどについてアドバイスしますが，あまり効果がみられません。最近は男性への興味は強くあり，「アイドルグループの△△くんが好き」と話したり，また同じ学校の男子の誰かに常に好意を持っていて，「〇〇くん好き」などと話すこともあり，休み時間や下校後男子との距離が近いことも気になります。副担任との会話で「この前，同じクラスの〇〇くんの家に遊びに行ったの」と話していたので詳しく聞くと，どうやら性行為をしたらしいことを話してくれました。このことは担任を通じて母親にも伝えました。

ハルミさんの両親は，小学生の頃に母親は父親と離別しました。母親は常勤で働いており，ハルミさんの弟，母親の祖母と4人家族で生活をしています。家事は主に祖母が行い，ハルミさんの身の回りの世話もしてくれます。母親は祖母に子育てを任せっきりにしていることが多く，気になる事があるとその都度注意しています。弟は通常の小学校に通っている6年生で，最近はハルミさんをバカにするような言動が見られるようになってきました。家ではハルミさんは好きなだけおやつとご飯を食べています。母親に注意されますが，本人はあまり気にしていない様子です。朝早く起きるのが苦手で寝坊することが多く，母親から「早く起きなさい」とよく怒られながら起こされます。休みの日はインターネットで，いろいろな趣味のサイトを見て過ごしていることがほとんどです。

先生や母親はハルミさんによく注意をするのですが，ほとんど反応がないときもあれば，逆にイライラして周りに当たり散らすことがあり，家族やクラスメイトと揉めることもあります。しかし機嫌がよくなると，男性教師や男子との距離が近くなります。その関わり方が極端に男子に近くなるため，性的な接触につながらないか心配していたところ，先のような出来事が起こりました。

(2) 主訴

主訴は「ハルミさんがイライラすると手に負えない」ということでした。ハルミさんがイライラするときには母親とお互いすごい剣幕で言い合いになり，周りがオロオロしながら見ているしかありません。しかし穏やかに過ごせる日もあり，この変化に周りが驚いています。今回男子と性行為疑惑のこともあり，産婦人科クリニックを受診しました。1回目の外来受診のときに医師から，「イライラは月経前に調子が悪くなっているかもしれませんね。基礎体温表に基礎体温や心身の症状を3か月間親子で記録してみてください」と宿題を出されました。3か月後の受診のときに持ってきてもらいました。

また，「念のために性感染症の検査をしましょう」ということで，その場で抗原検査を行いました。その結果，性器クラミジア感染症に感染していることが分かりました。母親はとても驚いて，その場でハルミさんのことをひどく怒ってしまいました。

② 事例解説

(1) 一般的にいわれていること

　一般的な月経の正常範囲は，本節の事例1（ミヤビさんのケース）で説明しました。月経前症候群は，身体的な変調（腹痛，頭痛，むくみ，微熱，だるさなど），精神的な変調（イライラ，不安定，気分の落ち込みなど）の症状があります。また食欲不振または過食，便秘などを起こすことがあります。月経が始まる数日前から現れ，月経開始とともに軽快または消失すると言われています。女性ホルモンの変化が原因で月経前症候群が起こると言われています。

　一方，月経が始まる前の体調の微妙な変化を察知して「そろそろ始まるかな」と感じる一般女性もいます。身体的・精神的な変調を感じるかどうかは，ASDの特性があってもなくてもかなり個人差があるとされています。ですからほとんど感じないという人もいます。

　ASDの特性がある場合，セルフモニタリングが得意ではないことがあり，自分の体調の変化に気がつきにくい，もしくは変化をうまく言語化できないということがあります。例えば熱が出ていても自分では気がつかず，学校でフラフラしている様子を心配して保健室で熱を測ったら40℃近くあったということもあります。月経に関しては，出血で衣服が汚れてしまい，周りから指摘されてようやく気づくということもあるくらいです。

　ASDの特性がある場合，個人差は大きいと思いますが，少しの体調の変化で気分がイライラしたりする人もいます。しかしそれがどうしてなのかが本人も周囲も理解できず，周りの人に当たり散らして，周りの人を困らせるということもあります。ですからあまり感じない体質なのか，敏感に感じる体質なのかを知っておくこと，自分の月経周期とそれにまつわる不調などを把握しておくことは，対応策を考えるために必要な情報です。

　月経の様子を知るために，まず3か月継続して基礎体温表（月経の量や痛み，起床時の基礎体温，心身の様子など）を記入してもらいます。医師はその結果を参考にしながら，診察を交えて診断をします（月経や日常生活の解説は事例1を参照）。月経前には女性ホルモンの影響でむくみやすく，血液の微小循環が

不良になりやすい肥満や運動不足の傾向の人や栄養の偏り（鉄・タンパク質・ビタミンB群の不足など）のある人には，月経前症候群の症状がよりでやすいものです。

BMIの正常値は18.5以上〜25未満で，25以上が＜肥満＞です。

性器クラミジア感染症は，若い女性に多く見られ性行為で感染します。自覚症状がないことも多いため，診断されないままほっておいたり，別の人へ感染させることもあります。将来不妊症の原因につながることもありますので，早期に抗菌薬にて治療します。

（2）ハルミさんの背景にあるもの

今回の件は，父親がいないことなども一つの要因になっていたのかもしれませんが，男性との適切な関わり方ができていませんでした。そのためクラスの男子の家に行き，性行為に至ってしまったようです。今回は幸い早く検査をしたので，感染が見つかり早く治療することができました。

母親とハルミさんと激しく言い合いになることが定期的にあり，母親も疲れていましたし，その状況をビクビクしながら見ている家族も嫌な気持ちになっていました。産婦人科医師から言われたように，3か月母親と一緒に基礎体温表をつけました。ハルミさんはうっかり忘れてしまう日もあったり，母親が仕事で早く出かけてしまうので検温できない日もありましたが，なんとか基礎体温を測り続けました。母親と祖母にお願いし，経血の量，体調の変化，学校での行事やトラブル，日常生活で気になった事を記録してもらいました。

基礎体温表では，高温期，低温期の体温変化が分かりやすく見られました。月経は28日周期で，月経が始まる数日前から腹痛やイライラする激しい言動がみられ，月経開始とともにめだたなくなっていました。

ハルミさんはぽっちゃりした体型（BMI 26.04）で，肥満（1度）と判定できます。いろいろなことをあまり気にしない性格ですので，特別運動もしていないですし，自分の体型のことも気にかけていません。

（3）ハルミさんへの対応・支援

クリニックでは，イライラに関しては以下のような対応策を考えました。

① 鉄・タンパク質・ビタミンB群を十分含むバランスよい食事で，必要量摂取(高校生女子だと平均2,000kcal程度)に留めるようにする。
② 運動を心がける。
③ お風呂に入って(シャワーでなくお湯に浸かる)，体を温める。
④ 月経前の不調時の対策を実践する(ストレッチ，マッサージ，腹式呼吸，ヨーガなどのほか，医療的には体質にあった漢方薬内服，鍼灸，ケースによっては低用量ピルも有効)。

まずはバランスよく食べることが大切です。お菓子を食べすぎるなど，カロリーの過剰摂取は肥満につながります。また思春期に十分な栄養分を摂取しておくのは，後々の身体にも影響しますので，食べるものが偏らないようにしたほうがいいでしょう。月経が始まったら特に貧血には注意し，鉄，タンパク質，ビタミン類が不足しないように心がけましょう。

適度にからだを動かす運動は大切です。カロリー消費，ストレス発散などの効果があり，チームでゲームをするような運動ではなくても，散歩するなどでも問題ありません。

また女子にとって「身体を温め循環を良くすること」は非常に大切です。冷たいものを摂り過ぎないように気をつけるなど，生活習慣の一部として取り入れられるといいでしょう。そして月経前になると，不調が現われることもわかったので，少しでも和らげるようなストレッチ，好きなものに触れて気を紛らわす(例えば，アイドルグループのDVDを時間を決めて観る)，などを取り入れました。

性感染症予防については学校の性教育で，男性との適切な関わり方，具体的には距離の取り方，お付き合いの仕方，性行為時の注意点などを，本人に必要かつ理解できる内容を伝えるように工夫しました。今回の件は，相手の男子の保護者にも伝えられ，教員や保護者もお互いに連絡し合うことになりました。

（4）対応策による介入の結果

ハルミさんは祖母や母親と一緒に，対応策を実践し始めました。母親は仕事

で忙しく，ハルミさんや弟の世話に十分な時間をとることができていませんでした。祖母に家事をまかせていて，祖母にもきつい言い方で話をしていることもありました。今までの生活習慣を急に変えることは難しいことでしたが，まずはできること，無理のないところから始めました。

　今回の内容は母親から副担任や養護教諭にも伝え，理解と協力を得ました。休み時間に体を動かせるような工夫をしてもらったり，給食はよく噛んで食べてお代わりしないように声をかけてもらいました。

　ハルミさんは，月経前症候群や性感染症の経過観察のために，引き続きクリニックに通うことになりました。また，その後の男子生徒との関わりについては，学校や家庭が連携して経過観察をしています。また今後必要に応じて児童相談所などとも連携をとっていく必要があるでしょう。

ある当事者の声

　私もハルミさんと同じような体験があります。性感染症があると言われたときは，すごく驚いて，「どうして私がうつったの？」という気持ちになりました。自分の軽はずみな行動で病気にかかったので，とても後悔しています。きちんと治療をして，二度と起こらないように気をつけています。（30代・女性）

この事例の One-Point

女性の身体や心身について，全人的にみること，理解することが重要。

【参考資料・ホームページ】

「日本人の食事摂取基準」策定検討会（2019）．日本人の食事摂取基準（2020年版）https://www.mhlw.go.jp/content/10904750/000586553.pdf
日本産科婦人科学会　月経前症候群　http://www.jsog.or.jp/public/knowledge/gekkei.html
国立感染症研究所　性器クラミジア感染症　https://www.niid.go.jp/niid/ja/diseases/sa/chlamydia-std/392-encyclopedia/423-chlamydia-std-intro.html

2 青年期〜成人期の理解と対応

岩男芙美

 はじめに

　自分自身を好ましく感じるには，肯定的なボディイメージに加えて，自分は丈夫で，体を使う活動に参加できる実感が必要とされます。つまり，健全な自己イメージを作ることです（Shana et al., 2009/2010）。ASDの女性にとっても，自身の「からだ」との円滑なつきあい方は非常に重要です。

　また筆者は，木谷・岩男が後述する「アスペガールの集い（岩男ら，2017・2018）」で，さまざまなタイプの青年期ASDの女性と出会います。その活動の中で，自分の「からだ」に関連する話題について当事者同士やスタッフと語り合ったり，安全・安心な場において「からだ」の感覚にしっかりと向き合ったりする時間を繰り返し体験することは，青年期に重要な自己理解の面からも，とても意義がある活動だと感じています。

　そこで本節では，ASDの女性の独特な「からだ」の問題について，動作療法（成瀬，2000）を通して個別に関わった事例について報告します。

| 事　例 | 「学校に行くだけでくたくたに疲れる，アユミさん」のケース |

 プロフィールと主訴

（1）アユミさんのプロフィール

　アユミさんはASDの診断があり，通常学級に在籍する中学3年生（15歳）で

す。小学校では通級指導教室を利用していました。WISC-Ⅳ（ウェクスラー児童用知能検査 第4版）でのFSIQ（全検査知能指数）は110，知的に平均以上です。幼少期から文学への関心が高く，今も英語に対しては意欲的に取り組んでいます。おしゃれが好きで活動的な服装を好みます。聴覚過敏のためにパニックとなり固まってしまっても，周囲からパニックになっていると理解されず，困り感がわかってもらえないストレスが続いていました。

（2）主訴

主訴は「学校に行くだけでくたくたに疲れる」です。授業中騒がしく，同級生の声でざわざわすると辛くなり，記憶もまばらになるほど疲れてしまうことが続いていました。どのように対処しているか聞くと，図書館で休んでから家に帰り，そのまま眠ってしまうということでした。

3　事例解説

（1）一般的に言われていること

　不登校を呈したASDの女性では，全症例に起立性調節障害，頭痛，腹痛などの身体症状が併存する報告（山内ら，2013）や，身体関連疾患の摂食障害を有する女性成人では，健常者よりも高い自閉性を有すると報告されています（岩崎ら，2013）。その背景には，思春期の定型発達の女児が「友人関係」の悩みを重視するのに対し，ASDの女の子は「学習」「健康」「見た目」「友人関係」の順で重視することもわかっています（西尾・鳥居，2014）。これらの結果からも，ASDの女性に独特な「からだ」への関心の向け方があることがわかります。
　一方で「からだ」の感覚は当事者しかわからないので，周囲との違いがあることに当事者すら気づかないことがあります。加えて，感覚障害や不安の高さがあると，「からだ」に安定して意識が向けづらくなります。つまり「からだ」はとっくに限界を伝えているのに，そのつらさに気づかず，本当に動けなくなるまで頑張り続けてしまうという悪循環に至るのです。DSM-5で感覚障害についての診断項目が入ったとはいえ，社会性やコミュニケーションの項目と比べ

ると，支援者の間であっても，まだ理解が不足しがちな側面といえます。

（2）アユミさんの背景にあるもの

　アユミさんの普段の身体の状態を，あおむけ，座位，立位などの姿勢のなかで確認しました。まずあおむけになると，身体全体が過緊張で，腰が反って床に設置しません。肩や腕，手足の関節部も，「自然に」力を抜くことが難しいようです。これでは眠っていても疲れがとれないことは確かです。続いてあぐらで座ってもらうと，肩，背中，腰を丸めて座り，首だけをそらせて前をむいていました。そこで身体をたててまっすぐに座るように言葉で促すと，背中を勢いよくそらせて上半身をたてました。しかし，この姿勢は背中を頑張らせている状態なので長くは続けられず，学校でも姿勢の悪さをよく注意されるそうです。首・肩周辺・背中（胸まわり）はコルセットをまいたように固く，常に過緊張です。

　アユミさんの「くたくたに疲れる」背景には，感覚処理障害に加えて，体全体を常に過緊張させて過ごしていることや，姿勢保持のためにどこの力は抜いて，どこの力を入れ続けると良いのか，ほどよくコントロールすることの苦手がありそうでした。

（3）アユミさんへの対応・支援

　アユミさんの主訴に対して，以下のような対応策を考えました。

> ① 体幹に入る緊張に自分で気づくことができる。
> ② 緊張を自分で弛めることができる。
> ③ 楽になった身体を，自分の思うように動かすことができる。

　自己弛緩を中心としたリラクセイション課題と，適切な（負担の生じづらい）身体の動かし方を身につけるために自分でコントロールする課題を組み合わせた動作療法を行うことにしました。

（4）対応策による介入の結果

　アユミさんのニーズは，肩や背中のつらさの緩和が中心でした。そこでリラクセイション課題から取り組みました。体幹をひねると，それだけで痛みます。筆者が肩に手をあててしばらく待つと，緊張を弛める瞬間があり，そのたびに力が抜けたことを伝えました。何度かとりくむ中で，左右の緊張度に違いがあることがわかりました。アユミさんの場合，特に左側は硬すぎて感覚に乏しい様子でした。リラクセイションを終えると，「最初は痛かったけど，今は気持ちいい」と気持ちよさを実感していました。

　月1回の頻度で課題を始めて6回目，筆者が背中に手をあてると，普段とは反対の右側の緊張もひどいことに気づきました。その部位に筆者が手を当てながら事情を問うと，しばらく考えて「席替えしたからかも。右後ろに苦手な同級生がきて」と身体感覚を手がかりに，日常を振り返ることができました。その様子から，アユミさんの「からだ」に生じていた過緊張は，単に姿勢維持の困難さだけではなく，強い対人緊張や不安から，そちらへ意識を向け続け，「からだ」を使って自らを必死に守ろうとして生じていることがわかりました。

　それでもアユミさんの「からだ」に入った過緊張が，生活上の不調に影響していることは明らかです。そのため，ほどよい緊張を保ちつつも柔軟に対応できる「からだ」を目指しました。まず，アユミさんが座った後ろに筆者が座り，背中の緊張部位の下に軽く膝をあて，少しだけ背を後ろに倒しながら，自分の緊張に気づき，力を抜くよう促しました。その最中に，身体の深部の強い緊張にあたりました。アユミさんは，「この緊張，わかる？」という筆者の声かけにうなずいて集中し，それまでに身に付けたやり方を試して自己弛緩しました。すかさず今度は前屈し，ゆっくりと起き上がるよう促すと，いつも背中や肩に強く力をいれて起き上がろうとするところを，無理なくスムーズに体を起こすことができました。顔をあげたアユミさんは穏やかな表情で「まっくろくろすけが，どこかへいったみたい。でも嫌いではない。厄介なことはあるけど」と，実感できたイメージを教えてくれました。「まっくろくろすけ」は，映画『となりのトトロ』にでてくるチャーミングなキャラクターです。アユミさんはこれになぞらえて，自身の「からだ」に凝り固まっていた緊張との対面と，その自己

弛緩について報告しました。また嫌いではないという言葉からは，自分に色々なメッセージを送ってくれる「からだ」と出会い，困った状態にもなるが嫌いではないという「からだ」のイメージを実感できて，これまでのような「からだ」は，ただ自分を翻弄するものではない，つまりコントロール不全な「からだ」イメージも変化したと考えられます。

　これ以降もリラクセイションを中心に，心地よい「からだ」の体験と，動きやすくなった「からだ」をコントロールする体験を積み重ねました。このような中で，自分で決めた進学先に向けてやるべきことを行う，同じ話題での会話が続くようになるなど，「困ったこと」があっても，回避することなく，解決しようと主体的になれる自分自身の「からだ」と出会うことができたことから，アユミさんの日常の様子も変化しました。

　このように，自分の「からだ」との向き合い方を苦手にしている女性の場合には，個別対応を通して，「からだ」と即時的・継続的な語り合いを，安心して共有できる女性治療者の存在も重要です。

4　まとめ

　すべての女性は，思春期以降の急激な心身の変化とともに，"女性として"の課題が増えます。覚えておきたいことは，青年期・成人期の発達障害の女性は，これまで十分に「周囲に馴染む」ための社会的努力を，自分の「からだ」のケアよりも優先しながら積み重ねてきているということです。

　ASDの女性自身が，自分の「からだ」の伝えてくれるメッセージを大切にし，心身健やかに生活できること。そのためにも，自分らしく「からだ」と向き合う機会をもち，「からだ」に関する自己決定を促すことが大切です。

> **ある当事者の声**
>
> 10代の頃，なぜ自分が急にぐったりして動けなくなるのか分かりませんでした。みんなが元気に生活し続けられるのも不思議でたまりませんでした。でもあるとき，「あなたが疲れやすいのは，あなたの体の感覚が関係しているんだよ」と臨床心理士に教えてもらい，初めて周りの人と自分の感覚が違っていることを自覚しました。今は自分ではそこまで強く疲れていると感じていなくても，あらかじめ決めておいた休憩を必ずとるようにしています。（20代・女性）

――――――― この事例の One-Point ―――――――
通常の生活を送っているように見えても，実は「からだ」は無理を押して生活しているのではないかと視点を変えてみましょう。

【文献】

岩男芙美・豊丹生啓子・土橋悠加・牛見明日香・飯田潤子・木谷秀勝・中庭洋一．(2017)．青年期の女性ASDへの「自己理解」プログラムの試み．第58回日本児童青年精神医学会総会発表．

岩男芙美・豊丹生啓子・土橋悠加・牛見明日香・飯田潤子・木谷秀勝・中庭洋一．(2018)．青年期の女性ASDへの「自己理解」合宿の試み．第59回日本児童青年精神医学会総会発表．

岩崎愛・端詰勝敬・小田原幸・茂木祐子・天野雄一・牧野真理子・坪井康次．(2013)．摂食障害における自閉性傾向の調査．東邦医学会雑誌，60 (5) 249-257．

成瀬悟策 (2000)．動作療法．誠信書房．

西尾祐美子・鳥居深雪．(2014)．自閉症スペクトラム障害の思春期女子の特徴と支援ニーズの検討：性差の視点から．LD研究，23 (3)，347-359．

Shana, N., Gina, M. M., Samara, P. T. (2009). Girls Growing up on the Autism Spectrum. (辻井正次・稲垣由子（監修）・テーラー幸恵（訳））．(2010)．自閉症スペクトラムの少女が大人になるまで　親と専門家が知っておくべきこと．東京書籍．

山内裕子・宮尾益知・奥山眞紀子・井田博幸．(2013)．女児Asperger障害の臨床的特徴．脳と発達，45，366-370．

3 感覚・不器用さへの理解と対応

岩永竜一郎

事例 ▶「感覚面・運動面に問題を抱える，ハナコさん」のケース

 プロフィールと主訴

(1) ハナコさんのプロフィール

ハナコさんは，17歳で精神科に来院しました。身長は155cm，体重は45kg，制服をきちんと着て，とても緊張した面持ちでしたが，周囲からの雑音に，時々びっくりする姿が印象的でした。

小学校の頃から，新学期や初めての行事があると緊張感が高くなり，時々学校を休んでしまうことがありました。それでも，先生や両親から言われたことは一生懸命にやらないといけない思いから，本当は苦手な給食や体育もがんばっていました。中学校では，男子生徒が授業中にざわつくことが多く，授業に集中できない科目もありましたが，得意な社会科（特に歴史）や理科（特に地学）では，気にならない場合も見られました。高校は，苦手な男子がいない女子高校に進学しました。

ところが，女子高校では，クラスの生徒のシャンプーの匂いや，制汗スプレーの匂いがダメで，女性の先生が怒る甲高い声や突然響くスマホの着信音などで，帰宅後は疲れてしまうようになりました。しかも，伝統の文化祭でクラス全員の集団演技の練習が上手くできず，だんだんと自信がなくなりましたが，将来は歴史を勉強したい一心から，1年生の間はなんとか登校できていました。2年生になり，集団演技が近づく頃から，頭が締め付けられるような緊張型頭痛が続くようになり，朝から登校できない状態が続きました。

（2）主訴

　集団でやることに参加を嫌がり，学校に行きたがらない日があるという主訴でしたが，詳細を確認すると，嗅覚や聴覚からの過敏さが小学校から続いていました。また，学校場面での緊張から疲れた感覚はあっても，「学校は行かないといけない」というこだわりから，登校していましたが，最近は疲れてしまい，朝が起きられなくなったことで，自信が低下したこともわかりました。

2　事例解説

（1）一般的に言われていること

　ASDなどの発達障害の多くに，感覚面や運動面の問題が見られますが，これまで社会性や行動の問題に比べ，注目されていませんでした。しかし，発達障害の当事者の自叙伝を通して，この「目に見えない」苦悩の特性が，次に示すように明らかになってきました。

　ASDの人の感覚の問題を知るきっかけとなったGrandin（1994）は，子どもの頃のエピソードとして「その霧笛が鳴ると私の頭はくらくらして拷問にかけられているような気がした。耳を両手で覆っていても，その音は耳をつんざき，あまりのことに私はデッキにうつ伏して叫び声をあげた」と聴覚過敏による苦しみを挙げています。一方，感覚刺激に対する反応が見られにくい特性について，小道（2009）は「見えないもの（背中）はない」など，見えない身体部位の身体認識の問題を報告しています。

　さらに，感覚刺激の選択的注意の問題では，ASD当事者の綾屋は，「私はまず，『おなかがすいた』という感覚が分かりにくい。なぜなら，身体が私に訴える感覚は当然，この他にも常にたくさんあるわけで，『正座のしすぎで足がしびれている』，『さっき蚊に刺された場所がかゆい』，『鼻水がとまらない』など空腹感とは関係のないあまたの身体感覚も，私には等価に届けられているから」と報告しています（綾屋・熊谷，2008）。

　女性のみに起こる感覚の問題もあります。綾屋（2012）は「かわいいピンクの

サンダルでも歩くとかゆくなるから，運動靴がいい」，「タイツは股の部分がもさもさと余って気持ち悪いから，ズボンにする」など，一般社会では，ジェンダーとしての「女性らしさ」を優先されることで，発達障害の当事者は感覚の問題による苦しみがより増加してしまう危険性を孕んでいます。

　運動の問題，特に協調運動に関して，Willey（2002）は「あんな複雑な動き，どうしたって覚えられるはずがない。踊るためには左右対称の動き方ができなくてはならない。でも，私には自分の身体の動きを調節することができなかった。（中略）私の脳には，そんな込み入ったことを身体に指示する能力はそなわっていなかった」と述べています。

（2）ハナコさんの背景にあるもの

　以上の感覚面と運動面の問題からわかるように，ハナコさんの主訴の背景には，周囲には理解しえない強い感覚処理障害が，幼児期から存在していたことがわかります。具体的には，嗅覚障害，聴覚障害，さらに協調運動の問題から生じる身体感覚の不全感により，二次的な視覚障害として，周囲からの視線や言動が気になり，結果的に心身の疲労状態が強くなり，今回のように身体症状から学校に行けない状態に至ったものと推測できます。

　しかも，ハナコさんの場合には，選択性注意の特性から，得意なことへの過集中があるために，周囲からは「一生懸命に頑張っている生徒」として見られやすいことは確かです。同時に，ハナコさん自身も心身の疲労を感じ取りにくい特性があったために，17歳になって，やっと違和感に気づき始めたと考えられます。

（3）ハナコさんの感覚面・運動面の評価

　ハナコさんの感覚と運動の問題点を明確にすると同時に，ハナコさん自身も自覚できるように，感覚面と協調運動面のアセスメントを行いました。

①感覚プロファイル短縮版

　保護者が回答する「感覚プロファイル（Sensory Profile: SP）」（Dunn, 2015）[※注1]のうち，「SP短縮版」の結果（図2-3-1）から，ハナコさんは聴覚刺激，視覚刺

激，触覚刺激，動き，味覚・嗅覚刺激に対する過敏があり，聴覚情報のフィルタリングが困難で，感覚刺激に対する情動反応が顕著であること，身体の耐久性が低いことがわかりました。

②青年・成人感覚プロファイル（本人回答）

ハナコさん自身による結果（図2-3-2）からは，臭い，味，動き，明るさ，触られること，音，声などに関する項目で過反応が強く，また，「感覚過敏」，「感覚回避」のスコアが，「非常に高い」となったため，感覚刺激に注意を奪われやすく，感覚刺激によって不快になりやすいことがわかりました。

③運動面のアセスメント

運動機能や感覚識別能力を見る検査である，「南カリフォルニア感覚統合検査」[※注2]と「簡易上肢機能検査」を実施しました。

運動面では，特に「肢位模倣（ポーズの真似，運動プランニング）」と「両側運動協調（両手のリズミカルな動きの模倣）」が苦手で，ボールの移し替え，大きなブロックの移し替えなど肩や肘を大きく動かす課題はスピードが遅い結果が出ました。

セクション	平均的	高い	非常に高い
触覚過敏性		✗	
味覚・嗅覚過敏性			✗
動きへの過敏性		✗	
低反応・感覚探求	✗		
聴覚フィルタリング		✗	
低活動・弱さ			✗
視覚・聴覚過敏性			✗
合計			✗

図2-3-1　ハナコさんの「感覚プロファイル」の結果

象限	非常に低い	低い	平均的	高い	非常に高い
低登録				✗	
感覚探求		✗			
感覚過敏					✗
感覚回避					✗

図2-3-2　ハナコさんの「青年・成人感覚プロファイル（本人回答）」の結果

（4）ハナコさんの検査結果のまとめ

　以上のアセスメントから，ハナコさんの感覚と運動の問題は次のように整理できました。

① 感覚面においては，味覚，嗅覚，触覚，聴覚，視覚，揺れる感覚いずれにおいても過敏反応が見られ，学校の中でも感覚過敏によって情緒不安定になり，苦しんでいることがわかりました。しかも，不要な刺激を無視することができず，刺激によって混乱が生じやすい特性だとわかりました。
② 運動プログラミング，素早い協調運動の苦手さを持っていることがわかりました。また，新たな動きを習得すること，素早く身体を動かすこと，素早いものの動き（例えばボール）に対応することなどに困難があることがわかりました。その一方で，すでに経験して習得した手先の運動はスムーズにできることもわかりました。

（5）ハナコさんへのアドバイス

　こうしたアセスメント結果から，ハナコさんには次のように助言しました。

① 感覚刺激への過敏性が目立つため，その問題への対応が必要です。
② 他の人の匂い，動き，声などで受け入れられないものがあるため，科目担当教師と一緒に実験環境についての調整や活動するグループメンバーの条件について話し合う必要があります。
③ 騒々しい中で話を聞きとったり，雑然としたものの中から物を見つけたりするなど必要な情報のみをくみ取ることが苦手なので，不要な刺激を排除することが必要です。例えば，学習場面ではパーテーションなどで他の刺激が入らないようにする方法も効果的です。
④ 運動プログラミング，素早い協調運動，新たな動きを習得すること，素早く身体を動かすこと，素早いものの動き（例えばボール）に対応す

ることなどに困難がある一方，何度か同じ動きを繰り返したり動かし方がわかったりするとその動作がスムーズにできるようになることもあるため，事前に授業で使う器具の操作を経験しておくことが必要です。
⑤ 集団の中や急ぐ必要がある場面などでは緊張が高まり動きがぎこちなくなり，情緒面の不安定さが動きに影響することがあるので，不安を高めないようにする配慮が必要です。
⑥ 実験の流れを事前に説明を受けておくこと，事前にやる内容を予習しておくこと（ビデオでやる内容を見る，器具の使い方の説明を受ける）は動作時の緊張をやわらげる可能性があります。

（6）介入の結果

　ハナコさんと母親に，この結果を伝えて，「本当にこれまで苦しかったね」と共感的に投げかけると，ハナコさんは本当に肩の荷を下ろすことができたように，全身から緊張感が取れたくつろいだ姿勢になりました。そのハナコさんの姿を見ながら，母親も「気づくことができなくて，本当にごめんね」と涙を流していました。
　翌日に二人で，高校に行って，校長先生，担任，養護教諭，スクールカウンセラーと協議した結果，教室では風通しの良い座席になるように配慮してもらい，理科室やパソコン室などでは，教卓の前のグループにしてもらい，騒々しさを最小限にできるように配慮してもらうことができました。それでも，完全に刺激を排除することは不可能なため，月に1度は自主的に学校を休むことや，養護教諭とスクールカウンセラーとの定期的な面接を通して，自分自身で疲れやすさを予防的に対処するスキルを考えることに決めました。
　同時に，文化祭での集団演技への参加はパスさせてもらい，記録係として，教師と一緒にビデオ撮影を担当（事前に何回もリハーサルを実行）することで，心身の疲れも減少して，学校生活にもゆとりが出てきています。

3 おわりに

　著者の経験の中でも，女性の発達障害者は特有の問題を持っていることを認識することがありました。実際に，月経の時期は感覚過敏がより強くなるASDの女性，触覚過敏があるために子どもが抱きついてくると突き放したくなると話すASDの母親，調子が悪いときに子どもが騒ぐとイライラするという聴覚過敏があるASDの母親も経験しました。このように生物学的，社会的・文化的要因により起こる，女性特有の感覚の問題があります。今後，女性特有の感覚や運動の問題について更に研究を深める必要があります。

ある当事者の思い

　小さいころから，大きな音，他の人の声，匂いなどに悩まされてきました。ところが，この苦しみを周りの人にわかってもらえませんでした。いつも一緒にいる家族にもこの苦しみはわかってもらえませんでした。
　匂いや音，触られることなどによって逃げ出したくなることがたくさんありましたが，いつも我慢してきました。もっと周囲の人に配慮してもらうことができるとうれしかったですね。（20代・女性）

―― この事例の One-Point ――

感覚過敏は周囲の人にわかりにくく，過敏から生じる苦しみをASDのある人が持っていても周囲にわかりにくいことがあります。この事例のように感覚プロファイルを用いて評価したことが感覚面への配慮につながりました。感覚の問題は気づかれにくいため，ASDのある人の支援の際にこうした評価を組み入れることが大切です。

※注1　感覚プロファイル
感覚プロファイル（SP）はアメリカで開発されたSensory Profileの日本での再標準化版である。SPには，乳幼児版（0-6ヶ月児用と，7-36ヶ月児用），3-10歳用（日本版は11歳以上も標準値がある），青年・成人版（11歳以上）がある。また，臨床的には，短縮版を活用することもある。

※注2　南カリフォルニア感覚統合検査
運動機能や感覚識別能力を見る検査である。8歳11ヶ月までの標準値しかないため，それに基づき，標準偏差（SD）値を算出した。

【文献】

綾屋沙月．（2012）．発達障害とジェンダーの交差するところ．アスペハート．30, 28-37.
綾屋紗月・熊谷晋一郎．（2008）．発達障害当事者研究．医学書院．
Dunn, W.（著）．辻井正次（監修）．萩原拓，岩永竜一郎，伊藤大幸，谷伊織（訳）(2015)．SP感覚プロファイル．日本文化科学社．
Dunn, W.（著）．辻井正次（監修）．萩原拓，岩永竜一郎，伊藤大幸，谷伊織（訳）(2015)．AASP青年・成人感覚プロファイル．日本文化科学社．
Grandin, T.（著）．カニングハム久子（訳）(1994)．我, 自閉症に生まれて．学習研究社．
菊池啓子（花咲蜜）．（2016）．情報の盲人としての自閉症スペクトラム：Autisticな感覚や感性の豊かさが生まれるところ．アスペハート，43, 40-46.
小道モコ．（2009）．あたし研究．クリエイツかもがわ．
Willey, L. H.（著）．ニキリンコ（訳）(2002)．アスペルガー的人生．東京書籍．

解説 その目に見えない障害 「からだ」とのつき合い方

木谷秀勝

　谷川俊太郎の詩「はだか」（1988）では，思春期を迎える女の子独特な「からだ」の変化へのうれしさと戸惑いが，次のように表現されています。

　　わたしのからだのにおいが／もわっとのぼってくる／おなかをみるとすべすべと／どこまでもつづいている／おひさまがあたっていてもえるようだ／じぶんのからだにさわるのがこわい

　「からだ」が大きく揺らぐ思春期から青年期では，定型発達の女の子・女性でも自分自身の「からだ」で起こっている大きな変化には気づきにくいものです。ましてや，発達障害を抱えている女の子・女性では，4人の専門家が指摘したように，「からだ」の問題は，行動上の不適応状態となって初めて周囲が気づいて，対応が始まる場合が多いのは確かです。
　そこで改めて，「からだ」の問題への理解と対応のポイントを整理してみましょう。
　廣瀬氏と川上氏は「基礎体温表」を日常的にチェックすることで，安定している「からだ」の状態を確認する大切さを指摘しています。岩男氏は「からだ」との上手なつきあい方を通して，安心を実感できる「からだ」の状態を確認する大切さを指摘しています。ところが，自分自身の「からだ」の感覚を捉えにくい発達障害児が多くいます。その感覚障害特有の問題点について，岩永氏は，感覚面と協調運動の両面を専門的なアセスメントで精査しながら，日常生活から見直す大切さを指摘しています。
　産婦人科，臨床心理士，作業療法士とそれぞれの専門的なアプローチは異なりますが，共通している視点は，次の2点でしょう。第1に，自分の「からだ」

の状態を1人で確認するのではなく，誰かと一緒に，目に見える形にしながら，自分の「からだ」を再発見しようとする能動性です。第2に，再発見できた自分の「からだ」の特徴を，周囲の人たちにも伝えながら，客観的にモニターしてもらうための援助要請スキルが重要です。

岩永氏が紹介したASD当事者の小道モコ氏は，次のような体験を語っています。「疲れが溜まっていたりすると，見えないことが，とてもおろそかになりがちです。腕がジャマになることがあります。メガネのレンズの範囲内にしか，注意を向けられなくなることもあります。腕って視線を下に向けないと見えないですよね」。同時に，「話しかける時にやってもらえるととても有効なのは，視界に入りそうなところで手をヒラヒラしてもらうことです。視界にヒラヒラした手が入ってきたら，私はびっくりすることなく，そちらに注意を向けることができます」と長い人生の中で，やっと見つけた「からだ」をめぐる実感を語っています。

そこからわかるように，発達障害の女性が抱える「からだ」の問題は，個々の障害特性の違いを認識しつつ，周囲が「自分自身の常識」から一歩抜け出して，理解を深めることが，不登校・摂食障害・非行や月経前症候群や性感染症などの二次障害を予防するためにも，大切になってきます。

「からだ」の問題は，「からだ」だけではなく，この後に続く「こころ」や「関係性」の基本となることを，再度理解していただき，次章に進んでもらえると幸いです。

【文献】

谷川俊太郎. (1988). はだか. 筑摩書房.

第3章 発達障害のある女の子・女性の「こころ」からの理解と対応

1 学童期の理解と対応

別府　哲

> 事例　「トラブルを回避することで教室に入れなくなった，ハルカさん」のケース

1 プロフィールと主訴

（1）ハルカさんのプロフィール

　ハルカさんは，特に言葉の発達の遅れはありません。ただ，幼稚園年長の時，母親同士がハルカさんを横においたまま立ち話をしていると，ふと「女は話が長い」と言うなど，大人びた口調はよくしていました。また，卒園前にクラスでやった劇ではしっかり役を演じることができました。しかし，観に来られなかった祖母に劇の説明をするときは，「こういうお話でね……」とストーリーを話すのでなく，クラス全員のセリフをすべて正確に再現して回りを驚かせたこともありました。他にも年少児のとき，パンツが見える状態でひっくり返っていたのを，「スカートはパンツが見えると恥ずかしいよ」と先生に一度注意されました。すると，それ以降いっさいスカートをはかない（ずっとズボンで過ごし，スカートをはいたのは卒園式と小学校の入学式だけ）こだわりがありました。

友達とも特定の子と一対一だと遊べますが，複数の子と一緒に遊ぶのは嫌がりました。大人も相性が合う人のいうことはよく聞きますが，それ以外の人が指示や命令を強く出すと，怒ってしまうことがありました。ただそういうときは，自分からすっと離れて，一人で人形遊びに没頭することが多く，トラブルが広がることはありませんでした。

一方，走ることや鉄棒などの全身運動は得意で，周囲からも一目おかれる存在だったこともあり，子ども集団の中でハルカさんの言動が大きな問題になることはありませんでした。

家族構成は，会社員の父親と専業主婦の母親，そして弟2人と祖父も同居しています。ハルカさんは，家でも人形での一人遊びが多かったようですが，特に子育てでは困ることはなかったそうです。

(2) 主訴

小学3年生のとき，幼稚園から一緒だった相性のいい子と，初めてクラスが別々になりました。すると5月頃から，「担任の先生が恐い，威張る」と時々家で言うようになりました。授業中，先生にあてられても発言しないことや，ハルカさんが漢字を忘れ間違えて書いたところを，先生に赤ペンで書いて修正されると泣いてしまうことが増えてきました。

ズボンへのこだわりはこの時期も続いていました。一方で，髪の毛をとかすことなどは無頓着でボサボサだったりすることもあったようです。クラスメイトがアイドルの話をしているときに，突然「あの漫画さあ…」と別の話題で割り込み，回りの子に「えっ？！」と言われることもよくありました。

そして1学期の途中から，ときどき「学校に行きたくない」と言いだして，秋口から毎朝学校へ行くのを嫌がり，教室には絶対入らないようになりました。母親がこの状態を心配し，クリニックを受診しました。

クリニックでは自閉スペクトラム症（ASD）の診断を受け，初診時に検査したWISC-Ⅲでは，言語性IQ98，動作性IQ112，全検査IQ108で，動作性IQに比べて言語性IQが低いところはありましたが，知的な遅れはないと考えられました。こうした結果から，臨床心理士によるハルカさんとのプレイセラピーと母親とカウンセリング（並行面接）を行うことになりました。

2 事例解説

（1）一般的にいわれていること

①心の理論

　ASDの特徴の1つに，人の心を読むことの苦手さが指摘され，その背景に，心の理論（theory of mind）の障害があるといわれます。心の理論の障害を調べる代表的課題が，誤った信念課題（図3-1-1）です。Aがボールで遊んだ後，

図3-1-1　誤った信念課題（サリーとアン課題）　（別府, 2012, p36より引用）

ボールをカバンに入れて部屋の外に散歩に出かけます。それから，Bが自分もボールで遊ぼうとカバンからボールを取り出して，Aのボールを自分の箱に入れて部屋の外にでます。そこへAが戻り，さっきのボールで遊ぼうとします。「Aはどこを探しますか？」というのが課題です。

　正解はカバンです。しかし，実際にボールは箱に入っています。Aは実際には無いボールがカバンに有ると「誤って」信じています。このように推測するので，誤った信念（false belief）課題です。また，図3-1-1を見ていた実験参加者は，ボールが箱にあることを知っています。しかし，登場人物のAはそのことを知りません。この課題は，自分とは異なる心を持つ相手の心を推論する必要があるものなのです。

　定型発達児は，3歳までは「箱」を指さし誤答します。Aがどう思っているかではなく，自分が知っていることを答えるためです。それが，4歳になると「カバン」を指さし，正答できるようになります。しかし，「なぜそっち（カバン）を探すの？」と理由を聞くと答えられません。やがて，6歳になるとカバンを正しく指さした上で，「だってこの人（A）はこっち（カバン）にボール入れていたから」とか「この人（B）がボールをこっち（箱）に入れるのを，この人（A）は見てなかったから」と理由も言うことができます。4歳の答え方は，理由はわからなくても何となくAの心が理解できて正答するという意味で直観的心理化，6歳の答え方は，理由もはっきり命題として言えるという意味で命題的心理化，と呼ばれたりします。このように定型発達児は，6歳すぎには，直観的心理化と命題的心理化の両方を持ち，それを使い分けながら心を理解できるようになります（図3-1-2の上段参照）。

②**自閉スペクトラム症（ASD）児の場合**

　定型発達児は，遅くとも4歳くらいから少しずつ人の心を感じ，経験とともに理解を深めます。一方ASD児は，命題的心理化を獲得する9歳ころまで，他者に心があるということに気づきにくいと考えられています。

　その背景として，ASD児の場合，直観的心理化の弱さが指摘されています（別府，2012）。そのために，日常生活場面でも命題的心理化のみで心を理解するようになります（図3-1-2の下段参照）。このように，ASD児は命題的心理化

だけで心を読むため，同じく命題的心理化が使えるようになる定型発達児（6歳）より，かなり高い言語能力（言語精神年齢9歳）を必要とします。知的に遅れのないASD児は，言語精神年齢と生活年齢がほぼ同じであるため，命題的心理化のみで心を読み始めるのは9歳すぎ（小学3，4年生ころ）になります。その年齢で初めて他者の心がわかり，他者が自分をどう思っているかに気づくのです。

　この気づきは突然であるため，ASD児はかなり不安を感じます。加えて，それ以前から他者とのトラブルが多いと，「私は嫌われている」「バカにされている」と他者の自分に対する心をネガティブなバイアス（認知の誤り）でとらえやすくなります。そのストレスの悪循環が，二次障害（例えば，不登校，他者への激しい暴力，暴言）を生み出す一因となると考えられています。

③自閉スペクトラム症（ASD）の女子の持つ傾向

　加えて，ASDの女子は，男子に比べ，対人関係に過敏なタイプの人がいるといわれます（Riley-Hall, 2012/2016）。そういう女子の多くに，トラブルになりそうな場面を前もって回避する傾向が見られます。実際に，このタイプの女子は心の理解とは別に，相手の思い（ネガティブかどうか）に敏感に反応していま

●定型発達児

●自閉スペクトラム症児

図3-1-2　心の理解の発達

す。それは，本当は相手と「うまく」関わりたい気持ちを強くもっているためとも考えられます。相手と関わりたいのにうまく関われない。その葛藤自体を過敏に感じるあまり，心身の疲労度が高くなり，友達との関わりを回避する行動を強めることになります。このように，ASDの女子が9歳すぎに命題的心理化で心の理論を獲得すると，同時に他者との関わりがうまくいかないことを，より明確に理解できるようになるASDの女子特有な二面性を，周囲が十分に理解することが重要になってきます。

（2）ハルカさんの背景にあるもの

　相手の気持ちを敏感に感じて，そこから回避する行動は，ハルカさんの幼稚園時代のエピソードでもみられます。複数の友達と遊びながらも，トラブルになりそうになるとすっと人形での一人遊びに移るのも，回避行動の1つです。走ることは得意なのに，一度クラスの子に負けてからは，徒競走をやること自体を嫌がりました。わざとゆっくり走り，最下位になることもあったそうです。自分が負けることは嫌いだし許せないのですが，勝負を避けることで，相手への怒りを出さないように対応したと思われます。

　ハルカさんは，小学3年生の9歳になったころ，命題的心理化を獲得したと考えられます。9歳以前，ただ敏感に感じて回避することしかできなかった場面を，9歳ころからは相手がどう思っているかを言語的に理由づけて理解できるようになることを意味します。ハルカさんは，命題的心理化を獲得することで，自分は友達と関わろうとするとこういう経過でトラブルになる（相手を怒らせてしまうとか，自分がパニックになり相手を困らせるなど）ことを，理由を含めてより明確に理解できるようになったのです。そのため，トラブルを今まで以上に完全に回避するやり方を取ろうとします。その回避行動が，友達と物理的に接触しない，すなわち教室に入らないことだったと思われます。

（3）ハルカさんへの対応・支援

　ハルカさんは，自分の思った通りにしないと気が済まないところは強くありました。トラブル場面の回避も，自分がやりたい（例えば競争では勝ちたい）ことが優先され，できない事態（負けること）を事前に察知するからの行動でした。

その背景には，徒競走のように，自分の思い通りにやろうとして他者とトラブルになった経験がたくさんありました。ハルカさんにとって対人関係は，他者と関わってトラブルになるか，回避して他者と関わらないか，二種類しかなかったと考えられました。そのため，クリニックでは，ハルカさんが自分の思い通りにやっても壊れない人間関係が現実にあることに気づけることを目標に，プレイセラピーを行いました。

①ハルカさんの活動に寄り添う

　ハルカさんは毎回のようにプラレールをとても複雑に組み立てます。セラピストが「すごいねえ」というと，組み立て方を嬉しそうに教えてくれます。また，物を隠して探す遊びをやりたがり，セラピストが見つけられないと「わかんないの？」と嬉しそうです。自分のやりたいことを，主導権を握って遊んでも，一緒に共感してくれるセラピストの姿勢は，ハルカさんにとって心地よかったと考えられます。一方，思ったようにプラレールがうまくつながらないと「なんでなんだ！」と怒りだし，壊すこともよくありました。そういう時，セラピストは静かに壊れたレールを片づけ，ハルカさんが次の遊びに移るまで待ちます。今までであればトラブルになった場面が，そうならないで次の遊びができた体験は，彼女に新鮮だったようです。ハルカさんはセラピーの帰りには，「楽しかった」と母親にいっています。

②思い通りにやっても壊れない人間関係を実感させる

　数回のセラピー後，学校との関係で知能検査を何回かに分けて行うことになりました。ハルカさんはそれまで自分の思い通りに過ごせていた時空間が，「やらされる」関係に変わることに強く抵抗しました。セラピストは，ハルカさんにとって検査をする意味を丁寧に伝えて，やってほしいという意図は伝えましたが，無理強いはしないようにしました。検査の2回目，入室した瞬間にハルカさんが「言葉でやるやつ（言語性検査）はもう嫌だからね」と宣言しましたが，それ以外の課題は取り組んでくれました。

　この検査の後，通常のプレイに戻ったころから，ハルカさんに変化がみられました。プラレールがうまくつながらないと怒るのは一緒ですが，セラピスト

が壊れたものを集めていると，ハルカさんも一緒に集めて最後は作り直そうとしました。また，作り直す際に，セラピストがプラレールを渡すと，自然に「ありがとう」と言ってくれたのです。しばらくすると，「別の遊びがしたい」といってそれまでやらなかった新しい遊びをするようになっていきました。

　母親面接では，ハルカさんが教室に入れなくなる前から，人と関わりたいが自分が関わるとトラブルになってしまうことを敏感に感じて回避していた可能性があることを伝えました。それをきっかけに，ハルカさんが人と関わりたい思いに家族として応えたいと，ハルカさんの好きなことを家族一緒でやる機会をそれまで以上に増やしました。母親から学校にも積極的に働きかけ，ハルカさんの思いを伝えていただきました。すると，小学校も教室に面した廊下にハルカさん用の机を置いて，ハルカさんの相性とあいそうな加配の先生と一緒に過ごす機会を（無理強いせずに）作ることなどを取り組んでくれました。

　ハルカさんはプレイセラピーを通して，自分の思い通りにやっても一緒に楽しんでくれる他者がいること，検査の時のように，相手が嫌がることをやったり言ったりしても関係が壊れない安心できる他者がいることに気づいたと考えられます。トラブルになっても関わりを続けることができる他者への信頼感が生まれた同じ時期，母親の努力により，学校でもハルカさんの思いを汲んで関わる他者（教師）と一緒に過ごす動きが出始めたのでした。

（4）対応策による介入の結果

　ハルカさんが，プレイセラピーでいつも違う新しい遊びをし始めたころから，学校にいる時間が少しずつ長くなりました。教室には入りませんが，教室の廊下で加配の先生と一緒に授業を聞くことができるようになりました。そのころから，放課後，特定の友達と遊ぶことが少しずつできるようになりました。

　新年度の4月を迎え，担任の先生が変わり，以前一緒だった相性のいい子が同じクラスになったのを境に，クラスに入って活動するようになりました。

> **ある当事者の想い**
>
> 小学校高学年ころになって，それまで気にならなかった友達の思いや考えが突然わかるようになって，とても困りました。特に，今までそう思っていなかった過去の友達の言葉も，"そういう意味だったんだ"と気づいて，自分がばかにされていたとかわかることは，とても怖かったです。そういう自分でもちゃんと認めてくれる人に出会えたのはよかったです。でもまだあの頃のことは，あまり思い出したくありません。（20代・女性）

――――― この事例の One-Point ―――――

**9, 10歳ころの変化には，他者や自分の心が
わかるようになるがゆえの混乱があることを考えてみましょう。**

謝辞：清水章子先生（しみずクリニック），別府悦子先生（中部学院大学），瀬野由衣先生（愛知県立大学）には貴重なコメントをいただきました。

【文献】

別府悦子・瀬野由衣・清水章子．（2010）．アスペルガー症候群が疑われた不登校傾向女児への親子並行面接の経過．中部学院大学・中部学院大学短期大学部研究紀要，11, 156-164.

別府哲．（2012）．心の理論の障害と支援．本郷一夫（編），認知発達のアンバランスの発見とその支援（pp31-56）．金子書房．

Riley-Hall, E. (2012). Parenting Girls on the Autism Spectrum: Overcoming the Challenges and Celebrating the Gifts. Jessica Kingsley Publishers.（牧野恵（監訳）(2016)．ガイド自閉スペクトラムの少女の子育て．スペクトラム出版．）

2 思春期～青年期の理解と対応

野村和代

> 事例 「自分の思いがうまく伝えられない，エリさん」のケース

1 プロフィールと主訴

(1) エリさんのプロフィール

　エリさんは，自閉スペクトラム症の診断があり，通常学級に在籍している中学1年生の女の子です。WISC-ⅢのFIQは95ですが，言語性IQが非常に高く，一方でワーキングメモリーが苦手で耳で聞いた内容を覚えておくのが難しいなど，得意不得意の差が強いところがあります。性格はとても活発な女の子で，初めての人とも，物おじせずに話すことができます。

　家族は父親と母親の3人暮らしです。父親は仕事が忙しい中，エリさんをかわいがっていて，ついエリさんの言うとおりに甘やかすことがあります。母親は社交的な人ですが，少し短気で，エリさんとぶつかることもあります。

　エリさんは，児童精神科クリニックに小学3年生から通院しています。家で宿題をめぐって，かんしゃくを起こしたり，学校で友人とトラブルを頻繁に起こすようになり，クリニックに通い始めました。主治医はエリさんにはまだ診断は伝えていませんが，コミュニケーションの苦手さがベースにあり，場面理解の難しさや見通しの持ちにくさから不安になりやすいこと，不注意や衝動性もあり，攻撃的になるのを抑えられなくてトラブルになる傾向があると伝えました。エリさんは多動を抑える薬を服用しながら，半年間ほどコミュニケーションの苦手さを，また小集団でのSST（ソーシャルスキルトレーニング）で，

不安な時の対処や気持ちのコントロールを学びました。

（2）主訴

　エリさんは「中学校になり，困ったことが増えた。きちんとやりたいと思って，がんばっているのに，まわりが『ちがう』と否定するのがいや」と思っています。

　中学校は複数の小学校からの進学で，初めて接する生徒ばかりです。エリさんは足が速く，中学入学後，陸上部に入りました。先輩もできましたが，人間関係が複雑になり，女子グループと一緒にいても，恋愛やドラマ，おしゃれの話が多くて話が合わなかったり，何気なく言ったことが場をしらけさせることもあり，居心地の悪さやイライラする感じが増えました。男子と話す方が楽なので，話す機会が増えると，それを女子グループから悪く言われることが出てきました。

　また，授業で使う教科書や教材が増え，宿題も増えて，だんだん対応しきれなくなりました。多動を抑える薬を服用していますが，家にいる時間は効き目が切れる時間帯なので，次の日の準備を忘れたり，家族とのやりとりも集中することが難しくなりました。母親は「思春期だから」と距離を置きつつも，サポートがないと間に合わない時もあります。ところが，エリさんは干渉されるのは嫌だと，結果として親子の衝突が増えてきました。

　エリさんから主治医にこうした訴えがあり，エリさんは自己理解を促すためのプログラムを受けることになりました。エリさんと母親はプログラム担当の心理士に今の状況を伝えてくれたので，心理士からは「二人とも，中学生になったから，がんばろう，がんばってほしいという気持ちは同じなんですね。ただ，何かがずれてしまってるようです。ズレは悪いことではないんですよ。ズレを見直すと，次にステップアップするためのきっかけがみつかります」と伝えました。そのうえで，心理士はエリさんと母親にアンケート用紙を渡して，「おうちでこのアンケートを書いてきてください」と言いました。

2　事例解説

（1）一般的に言われていること

　自分の現状を理解して問題に対処する「自己理解」を進めるには，自分の得意，苦手を理解することがその第一歩になります（岡・小野，2010）。この自己理解は，対処スキルを学ぶ動機づけを高め，さらに学んだ対処スキルを他の場面にどのように応用するかを自分で考えることにも役立ちます。思春期になると支援されることに対して抵抗感を抱く場合がありますが，必要性が分かることで支援者や周囲の人との関係がより良くなることが期待できます。その結果，困難に対して自分で対処方法を考えるだけでなく，自分だけでは対処が難しい場合には周囲の人たちに支援を求められるようになり，主体的に行動する幅が広がります。

（2）エリさんの背景にあるもの

　エリさんの抱える問題は中学校進学に伴う2つの環境の変化が大きいようです。第1に，小学生の時よりもやるべきことが多く，同時に複雑になったこと。これは宿題や学校準備，新しいクラスメートや部活の先輩との人間関係などがあげられます。第2に，小学生の時には問題にならなかったことが，中学生になって周りから指摘されるようになったことです。これは男子と話すことを女子グループに悪く言われるなどです。

　この2点は性質の違うことですが，次のように考えることが重要です。

> ① いまどんな悪循環が起きているのかを1つずつ確認する必要があります。
> ② しかし，ただ悪循環を指摘するだけでは，責められているように感じたり，自信をなくしてしまうかもしれません。
> ③ 環境が変わり，周囲とのズレができていても，自分はどんなことができているのかを確認し，困難にむけて足場を固めることが大切です。

（3）エリさんへの対応・支援

自己理解プログラムは4つのステップで進めることになりました。

【第1ステップ】自分がわかっている自分を知る

アンケートには，発達障害に関わる特性がある場合に日常生活で困ることやできていることが，次に示すカテゴリ別に書かれています（例；気分がのっていると他の活動に移れない。いつもと違うことがあったり，予定が変わると混乱するなど）。カテゴリは，コミュニケーション（社会性），耐久性（感覚の過敏性），想像力・柔軟性（見通しやこだわり），集中力（不注意），自分コントロール（多動），冷静さ（衝動性），器用さ（不器用・協調運動）の7つから構成されます。質問に「ない」と答えると2点，「時々ある」と答えると1点，「よくある」と答えると0点の計算になっており，カテゴリごとで得点が出ます。得点が高ければ強み，低ければ苦手というもので，心理士はエリさんの目の前でアンケートの結果をレーダーチャートに書きこんでみせました（図3-2-1）。レーダーチャートにあるカテゴリの説明を行いながら，心理士はエリさんの強みと苦手を書き出し，「エリさんの強みは『器用さ』，苦手は『耐久性』と『想像力・柔軟性』になるんだね」と伝えました。さらに，「強みはどんなときに生かせていると思う？」「苦手はどんなときに出ていると思う？」「工夫していることはある？」と聞いて，エリさんの現状を一緒に整理していきました。エリさんは自分の強みについて「自分コントロールなんだけどね。わたし，小学生のときは苦手だったの。だけど，クリニックで練習したりとか，お薬飲んだり，気をつけて，大丈夫になったんだ」と話しました。心理士は「そうなんだ。前は苦手でも，できるようになったんだね。成長してるってことだね！」と伝えました。

自分の強みや苦手さを箇条書きにして整理するやり方はよく見かけますが，詳細に検討できる一方で，強みや苦手さの全体像をつかみにくいというデメリットがあります。発達特性を強みがあるほどチャートが広がるようにすることで，視覚的に強みや苦手さの全体像がつかみやすくなります。またゲームになじみのある子どもにとっては，なじみやすく，受け入れやすいようです。

【第2ステップ】まわりの人が思っている自分を知る

　2回目のプログラムでは，母親から預かったアンケートの採点から始めました。すると，エリさんの結果とちがう結果になりました。

　「お母さんから見たエリさんの強みは，器用さとコミュニケーション，自分コントロールなんだね。器用さと自分コントロールはエリさんと同じだね。お母さんはコミュニケーションも強みだって思っているみたいだよ」「メモには，初めての人にも積極的に声をかけていって，がんばっていると思いますって」と伝えると，エリさんは少し顔を赤らめました。「あとは，お母さんも集中力が苦手ってチェックをつけているね」と心理士が言うと，すぐに機嫌の悪そうな顔になり，「あいつは細かいところばっかり言うんだ」と不満そうでした。

図3-2-1　エリさんのアンケート結果のレーダーチャート

【第3ステップ】自分がわかっている自分とまわりの人が思っている自分のちがいを知る

　「じゃあ，詳しくエリさんとお母さんとチェックのちがいを見ていこうね」と心理士は，1つのチャートに2人のアンケートの結果を書きこんでエリさんに見せました（図3-2-2）。「耐久性と集中力の見方が違うみたいだね」と言われると，黙り込んでしまいました。心理士はエリさんに「前も言ったけど，ズレがあるって悪い事ではないんだよ。自分が知らない自分があるのかもしれない。お母さんが知らないエリさんがいるのかもしれない。なにがズレを作っているのかが分かっていくって，知らない自分を発見できたり，相手に自分を知ってもらえる第一歩になるよ」と励ましました。こうしたやりとりをしていくうちに，エリさんは周囲の音や人や物の動きなどを苦痛に感じていたけど，がまんしていることがわかりました。相手に不快な思いをさせたり，心配させないようにするのがマナーだと強く思っていて，中学生になってからは特に気をつけていると振り返ることができました。また，集中力については，忘れ物をしないように，手帳を使ったりと自分なりに対処して，少しずつコツをつかんできているとうれしそうに教えてくれました。母親は入学初期の慣れていない時に忘れ物が頻発したことに強い印象をもっているため，今でもたまに忘れると

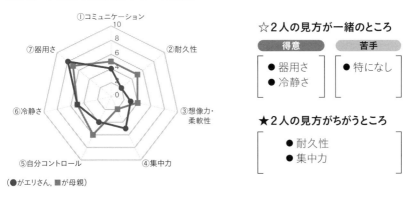

図3-2-2　エリさんと母親のアンケート結果のレーダーチャート

「ほらまた！」と言うのが嫌なんだと穏やかに話してくれました。

【第４ステップ】まとめ

　心理士は，エリさんが努力しているのに周りから「ちがう」と言われてしまうことについて，アンケートの結果から，具体的に「耐久性」に焦点化して考えていこうと提案しました。心理士は「エリさんが『中学生だからきちんとしないと』って強い思いがあって，本当は大変なのになんでもないようにがまんしていること，それが『耐久性』って意味だけど，お母さんはエリさんが『がんばっているけど，実はとてもつらかった気持ち』に気づけずに，どんどんズレが大きくなったんじゃないかな」とたずねました。エリさんは確かにあると頷きました。「その『耐久性』が強くなると，同じように苦手な『想像力・柔軟性』もあって，『誰にどう言えばわかってもらえるか』って，不安になって，最後はうまく言えなかったり，忘れ物をしてしまう自分にイライラしているね」と伝えると，エリさんは「そんなふうに苦手さがつながってくるんだ」とつぶやきました。「そうなることは多いと思う？」と心理士に聞かれ，エリさんは頷いて，「中学に入ってからずっとそう……だから，『ちゃんとやらなきゃ』って強くなって，周りから言われると意地になっちゃうのかな」と答えました。「そういうこともあるかもしれないね。よく気がついたね。疲れたり，大変な時は全部自分でやらなくてもいいと思うよ。ほら，今だって４月よりも忘れ物は少なくなってるでしょう？慣れるまで，手伝って，もう少し待ってねって伝えたらどう？」「……やってみる」と，エリさんは自分の中のもやもやした気持ちをやっと晴れやかにすることができました。

（４）対応策による介入の結果

　エリさんはプログラムを通じて自分の強みや苦手さについて整理したことで，自分を少し客観的に見ることができるようになりました。母親が注意しても「自分で全部やることが良い」という自分の強い思い（こだわり）があって，ムキになって反抗していたところが，「あ，またでてるな」と一呼吸おけるようになってきました。また疲れが出てくると不注意が増えることも理解できたので，友だちにも「私，うっかりしちゃうから，提出物があったら，一応『出した？』っ

て聞いてね」と伝えるようになりました。周囲とのものの見方のズレは変わらずありますが，指摘されたり，相手の様子が変だなと思うときには，母親や主治医に状況を説明して，他にどんな見方があるのかをたずねるようになりました。エリさんは「なんかパターンがあるような気がする」と少しずつ手ごたえを感じており，以前よりも責められていると感じることは減ったということです。

ある当事者の想い

小さいときから，なんか変だな…と思うことはよくあって，大人になってからはそれが強くなっていきました。まわりは問題なく進んでいるのに，自分だけ取り残される感じがするというか。もやもやした感じがあっても，それが何なのか，具体的にわかりませんでした。同じ質問について，自分以外の人の目線が入ることで，自分の感じ方について，少し具体的につかめた気がします。(20代・女性)

この事例のOne-Point

成長過程で周囲と本人の認識のズレがある場合には，つい「わからせよう」と説得してしまいがち。ズレ自体は悪いことではなく，本人なりに思いや工夫があります。それらを尊重しながら，ズレについて考え，現状の改善につなげていく姿勢が大切です。

【文献】

岡潔・小野次朗. (2010). 高機能広汎性発達障害児の自己評価と自己認識に関する研究：SPPCによる自己評定と半構造化面接を通して. 自閉症スペクトラム研究. 8, 39-48.

3　成人期の理解と対応

中並朋晶

事例 1　「月経前になると心身ともに不安定になる，サオリさん」のケース

プロフィールと主訴

（1）サオリさんのプロフィール

　サオリさんは31歳の未婚の女性です。公務員の両親のあいだに生まれた一人っ子です。1歳6か月児健診，3歳児健診ではいずれもことばの遅れを指摘され，3歳の時に療育センターを受診しました。知的な問題はありませんが，自閉症の疑いがあると言われました。母親は，仕事が忙しいという理由で療育を受けさせることなく，「何かあれば受診させよう」と思っていたそうです。小学校は通常学級に入学しました。まじめで頑張りすぎるため，午前中の授業が終わると疲れて頭やお腹が痛くなっていました。また，食べ物の好き嫌いが激しいため，給食の時間は逃げ出したかったようです。人とかかわることは嫌いではありませんが，人の輪の中に入ると疲れるため，自分から積極的にかかわりを持つことを避けていました。好きなアニメやミュージシャンについての知識は豊富で，話し出すと止まらなくなりますが，日常的な会話になると何をどう話してよいかわからなくなります。小学4年生の頃から，他の子が大声で遊び，騒ぐ声が気になり，昼休みは図書室でひとり静かに本を読んで過ごしていました。しかし，次第に午後の授業に出ることができなくなり，保健室を利用するようになりました。学校から帰宅するとリビングで倒れこむように寝ていました。

小学6年生の3学期に初経を迎えました。月経時にナプキンをすることを気持ち悪がり、月経時は1日に何度も下着を交換していました。母親はサオリさんの月経処理にとても苦労したようでした。

　私立高校ではアニメ研究会に所属し、仲間と積極的に活動していました。声優になりたいと思い、高校卒業後は専門学校に進学します。しかし、グループ実習で言い争いになることが増え、人間関係の悩みから不安が強くなりました。登校前になると、激しい頭痛や腹痛を訴え、吐き気に見まわれることもありました。夜も眠れなくなったため、メンタルクリニックを受診しました。抗不安薬と睡眠導入剤を処方されましたが、強い眠気やふらつきなどの過敏性を認めたため、薬に対する不安と恐怖を訴えるようになりました。

　専門学校を退学し、アルバイトをいくつか経験しますが、いずれの職場でも人間関係で悩み、長続きしませんでした。21歳を最後に、仕事に就くことはなく、家事の手伝いをしていました。しかし、仕事に就くか結婚することを願っている母親と、たびたび衝突することがあったようです。

　サオリさんは、30歳の時に別のメンタルクリニックを受診し、ASDの診断を受けました。FIQは112で知的な問題はなく、療育手帳は持っていません。身長が160cm、体重は48kgで細身です。現在まで入院や手術などの治療を受けたことはありません。

（2）主訴

　25歳の頃より、月経の1週間前から心身ともにバランスを崩すようになり、母親との衝突がエスカレートしていきました。母親に暴言を吐いたり、物を投げるなどの行為がありましたが、その反面、絶望感を口にして落ち込み、不安から外に出ることができなくなりました。身体の疲れ、むくみ、節々の痛み、特に乳房の張りや痛みを訴えました。自宅では寝て過ごす時間が極端に増えました。さらに、音やにおい、味覚が過敏になり、外の音がうるさいと自室にひきこもり、甘いものばかりを食べるといった食行動の偏りも顕著になりました。これらの症状はきまって月経の1週間前から始まり、月経が始まると少しずつ症状が落ち着き、月経終了時にはほぼ消失しました。

　28歳の時に産婦人科クリニックを受診したところ、「月経前症候群（以下、

PMS)」と診断されました。薬に対する不安や恐れから治療に消極的だったサオリさんでしたが、症状は激しくなる一方で、日常生活にも支障をきたすようになったため、薬物療法を受けることにしました。数種類の漢方薬を処方されましたが、いずれも効果は見られませんでした。そこで、低用量ピルによる治療を提案され実施しましたが、これも満足の得られる効果は認められませんでした。そこで、メンタルクリニックで、これらの症状のことについて相談をしてみました。

2 事例解説

(1) 一般的にいわれていること

　サオリさんが、産婦人科で診断されたPMSは、月経前からさまざまな精神・身体症状を認めます。精神症状としては、「イライラしたり怒りっぽくなる」「不安で気持ちが不安定になったり混乱する」「情緒が安定しない」「憂うつで気分が落ち込む」などがあげられます。身体症状としては、「頭痛がある」「お腹の張りや痛みがある」「乳房の張りや痛みがある」「顔や手足にむくみが出る」「にきびが増える」「眠くてたまらない」「甘いものが無性に食べたくなる」などがあげられます。これらの症状は、月経が始まると数日以内に消失するのが特徴です。症状が始まる時期については、月経の1週間前が多いようですが、月経直前に始まる場合や排卵日後（月経の14日前）からの場合もあるようです。

　PMSは意外に多く、50〜80%の女性に見られると報告されています。しかしながら、治療が必要と自覚している患者さんは3〜7%程度に過ぎないともいわれています（Takeda et al., 2006）。発症年齢は、10歳代からの発症例もありますが、20歳代後半から30歳代で発症することが多いといわれています。

　サオリさんは、症状が月経周期と関連していることがわかったため、まず産婦人科クリニックを受診しました。産婦人科では、女性ホルモンによる身体の症状に対する治療から開始されることが多いため、一般的には、「加味逍遥散」「当帰芍薬散」「桃核承気湯」「抑肝散」「女神散」などの漢方を処方されることが多いようです。漢方薬で効果が出ない場合は、低用量ピル（エストロゲンとプ

ロゲステロンの合剤）による治療があります。低用量ピルを用いることで，排卵を止め，卵巣からのプロゲステロンの分泌を抑制します。その結果，女性ホルモンによる波が小さくなり，症状を抑えるといわれています。この低用量ピルには，PMSの精神症状を軽くする効果があります。

しかし，サオリさんには期待された効果はなかったため，メンタルクリニックに相談することになりました。

（2）サオリさんの背景にあるもの

サオリさんは，小学校の頃から音に対する感覚過敏がありました。また，母親によると，小さい頃から，急な予定の変更や自分の考えていたように事が運ばないと混乱し，かんしゃくを起こすことがあったようです。

PSMの診断のつくASDの女性は，月経前になると本来持っている感覚の過敏性がさらに強くなり，感情の起伏が激しくなる傾向があります。このため，イライラや怒り，対人関係の摩擦が増加します。サオリさんの場合は，月経前になると，これらの感情が，「母親に暴言を吐く」「物を投げる」などの行動となってあらわれたと考えられます。

（3）サオリさんへの対応・支援

サオリさんの場合，メンタルクリニックの医師が悩んだことがもう一つあります。それは，サオリさんが，月経前不快気分障害（以下，PMDD）ではないかということです。PMDDの診断基準（DSM-5）は表3-3-1の通りです。

メンタルクリニックの医師は，産婦人科ですでに漢方薬やピルの処方がなされ，効果がなかったことを考慮し，サオリさんに説明したうえで，PMDDの治療法である抗うつ薬を使った間欠療法を行いました。現在，PMDDの治療ガイドラインでは，選択的セロトニン再取り込み阻害薬（以下，SSRI）を第一選択薬としています。具体的には，セルトラリン，パロキセチン，エスシタロプラム，フルボキサミンのいずれか1剤を，原則として黄体期（排卵後から次の月経まで）のみ服用します。効果が認められなかった場合や有害反応が見られた場合は，他のSSRIに切り替えます。また，月経周期が不規則な方には，継続内服を行ないます。

表3-3-1　月経前不快気分障害(PMDD)の診断基準（DSM-5）

A. ほとんどの月経周期において,月経開始前最終週に少なくとも5つの症状が認められ,月経開始数日以内に軽快し始め,月経終了後の週には最小限になるか消失する

B. 以下の症状のうち,1つまたはそれ以上が存在する.

　（1）著しい感情の不安定性（例：気分変動；突然悲しくなる,または涙もろくなる,または拒絶に対する敏感さの亢進）
　（2）著しいいらだたしさ,怒り,または対人関係の摩擦の増加
　（3）著しい抑うつ気分,絶望感,または自己批判的思考
　（4）著しい不安,緊張,および／または"高ぶっている"とか"いらだっている"という感覚

C. さらに以下の症状のうち1つ（またはそれ以上）が存在し,上記基準Bの症状と合わせると,症状は5つ以上になる.

　（1）通常の活動（例：仕事,学校,友人,趣味）における興味の減退
　（2）集中困難の自覚
　（3）倦怠感,易疲労性,または気力の著しい欠如
　（4）食欲の著しい変化,過食,または特定の食物への渇望
　（5）過眠または不眠
　（6）圧倒される,または制御不能という感じ
　（7）他の身体症状,例えば,乳房の圧痛または腫脹,関節痛または筋肉痛,"膨らんでいる"感覚,体重増加
　注：基準A～Cの症状は,先行する1年間のほとんどの月経周期で満たされていなければならない.

D. 症状は,臨床的に意味のある苦痛をもたらしたり,仕事,学校,通常の社会活動または他者との関係を妨げたりする（例：社会活動の回避；仕事,学校,または家庭における生産性や能率の低下）.

E. この障害は,他の障害,例えばうつ病,パニック障害,特発性抑うつ障害（気分変調症）,またはパーソナリティ障害の単なる症状の増悪ではない（これらの障害はいずれも併存する可能性はあるが）.

F. 基準Aは,2回以上の症状周期にわたり,前方視的に行われる毎日の評価により確認される（注：診断は,この確認に先立ち,暫定的に下されてもよい）.

G. 症状は,物質（例：乱用薬物,医薬品,その他の治療）や,他の医学的疾患（例：甲状腺機能亢進症）の生理学的作用によるものではない.

（4）対応策による介入の結果

　サオリさんは，抗うつ剤に対して不安や恐れを訴えましたが，黄体期のみの内服でよい間欠療法を選択することで，比較的スムーズに治療の同意が得られました。治療の結果，月経前のこれらの症状は目立たなくなり，日常生活に支障が出なくなりました。

（5）事例のまとめ

　ASDの女性の場合，月経前には感覚の過敏性が増すことが知られており，それに伴う感情の起伏が激しくなるようです。また，注意欠如多動性障害（以下ADHD）の方も，月経前には衝動性が亢進するとの報告（星野，2016）もあるようです。PMSの場合，薬物療法以外にも，食生活の改善（朝食をしっかりとる，塩分を控える，ビタミンやミネラルを摂る）をする，有酸素運動をする，嗜好品（カフェインやアルコール）を控える，禁煙する，睡眠をとるなどが有効とされています。

当事者の想い

若い頃は心身の不調があると，風邪や親とケンカしたためと思っていましたが，婦人科を受診して背景にPMSがあることが分かりました。今は基礎体温表を付ける等，自分の体調の変化を確認するようにしています。（30代・女性）

この事例のOne-Point

月経前に始まり月経開始とともに消失する心身の症状が見られた場合は，PMSを疑いましょう。さらに症状が日常生活に支障をきたすレベルの場合はPMDDを疑い，精神科の受診を検討してみましょう。

事例 2　「出産後の情緒不安定さが長引いている，ヒカリさん」のケース

1　プロフィールと主訴

（1）ヒカリさんのプロフィール

　ヒカリさんは30歳の既婚の女性です。小さい頃から落ち着きがなく，骨折などのけがをすることが多かったようです。友だちと口論になると手が出ることがあり，けがをさせたこともありました。成績は優秀でしたが，教師からはケアレスミスが多いことや忘れ物の多さを指摘されていました。周囲からは「おてんばでおっちょこちょいだが頭は良い子」という評価でした。国立大学を卒業し，大手企業の営業職に就きます。やる気はあるのですが，商品の発注や顧客との重要な約束を忘れやすく，上司から注意されることも多かったようです。24歳の頃から次第に仕事に対する自信を失い，ふさぎ込むことが増え，意欲低下や食欲不振，不眠などの症状を認めるようになりました。近くのメンタルクリニックを受診し，うつ病の診断で抗うつ剤による治療を受けました。

　27歳の時に結婚し，専業主婦となりましたが，夫の求める家事ができないと悩むようになりました。周囲にすすめられて受診したメンタルクリニックで，ADHDと診断され，抗不安薬と睡眠導入剤を処方してもらいました。そこでは，抗ADHD薬による治療も提案されましたが，抵抗感があり，自己理解を深める心理教育と生活指導を中心とした治療が行われました。

　29歳の時に妊娠が判明しました。ヒカリさんは「子どもを産むなら30歳過ぎてから」と決めていたため，妊娠が判明すると動揺しました。しかし，夫からの説得もあり妊娠を継続することを決め，メンタルクリニックでの治療も一旦中止することにしました。妊娠初期に激しいつわりで悩まされることはありましたが，妊娠中の経過は良好で，妊娠39週4日，経腟分娩で出産しました。

(2) 主訴

　ヒカリさんは出産直後から，理由もなく涙が出たり，気分が落ち込んだり，落ち着かずそわそわしたりすることが目立つようになりました。身体の疲れを訴え，食欲も落ちました。ヒカリさんは，「うつ病が再発したかな？」「ADHDの症状がひどくなったかな？」と不安になりましたが，産婦人科では，「マタニティー・ブルーズでしょう」と言われ，特に医療的な処置もなく，産後5日目に退院しました。

　しかし，産後1か月頃から，「赤ちゃんの世話ができない」と自分を責めはじめ，再び気分が落ち込むようになりました。憂うつな気分だけでなく意欲も低下し，「私は妻としても母親としても価値がない」と繰り返し訴えました。今まで欠かさず見ていたテレビ番組も面倒になり見なくなりました。何に対しても興味がなくなり，大きくため息をついて寝て過ごすことが増えました。取り越し苦労から何度も目が覚め，不安を訴え，泣くことも多くなりました。「消えてなくなりたい」というようになったため，心配した夫に付き添われて，メンタルクリニックを再受診しました。そこで，「産後うつ病」と診断され，治療を開始することになりました。

2　事例解説

(1) 一般的にいわれていること

　ヒカリさんが，産婦人科で言われた「マタニティー・ブルーズ」とは，出産直後から1週間頃までに発現する一過性の気分と体調の問題を指します。主な症状は，涙もろさと抑うつで，不安，緊張，集中困難，不眠などの精神的な症状とともに，頭痛や食欲不振，全身倦怠感などの身体的な症状も見られます。欧米では，少なくとも3分の2の女性が産後の1週間，特に産後5日目前後に経験するといわれていますが，日本人の場合は，30％くらいと考えられています（岡野ら，1991）。マタニティー・ブルーズの症状は，一過性のものなので通常は自然に消失するので，特に医療的なケアが必要ありません。

マタニティー・ブルーズと混同され見過ごされやすいものに，「産後うつ病」があります。産後うつ病は，欧米では出産後の女性の10〜15％程度に見られますが，日本人ではそれよりも低いといわれています（岡野ら，1991）。主な症状は，抑うつ気分，興味の消失，意欲低下，思考の抑制，集中力の低下，過度の自責感などで，ひどい場合は，自殺念慮もみられます。産後うつ病は，他の時期に発症するうつ病との症状の違いがないため，うつ病として扱われます。しかし，出産後の女性を取り巻く環境が複雑なため，介入や治療には異なる視点も必要になります。

マタニティー・ブルーズを経験した例では，その後の産後うつ病の発症率が少し高くなるといわれています。また，うつ病の診断を受けたことがある人は，産後うつ病の発症率が高くなるともいわれています。

（2）ヒカリさんの背景にあるもの

ヒカリさんの治療が開始されると，ヒカリさんならではの問題が明らかになりました。ヒカリさんには，もともと聴覚の過敏性があり，赤ちゃんの泣き声は苦手でした。それでも，「自分の赤ちゃんの泣き声だから」と必死に育児をしていました。夫は工場で交代勤務なので，夜もひとりで育児することもありました。まとまった睡眠がとれないため，疲れがたまるようになり，日に日に聴覚過敏の症状が悪化していきました。

ヒカリさんは母親との関係が良くなかったため，母親に育児のサポートを頼めずにいました。そのため，赤ちゃんと二人きりで過ごすことも多く，逃げ出したい気持ちになることが増えたようです。この気持ちも時間がたつと落ち着き，今度は逃げ出したくなった自分を責めるようになったと振り返りました。

また，24歳の時にうつ病の治療歴があることや，望んだ妊娠でなかったことも，産後うつ病を発症しやすかった背景と考えられます。

（3）ヒカリさんへの対応・支援

ヒカリさんがメンタルクリニックを再受診した時は，母乳栄養中でした。そのため，薬物療法以外の治療法も検討されました。しかし，「消えてなくなりたい」というほど追い詰められていることを考慮し，ヒカリさんも夫も納得のう

え，母乳栄養を中止し，薬物療法を行なうことになりました。さらに医師からは，「焦らずゆっくり過ごすこと」「睡眠時間を確保すること」をアドバイスされました。ところが，ヒカリさんの周囲には，夫のほかに育児サポートできる人がいません。そこで，住んでいる地域の保健師さんに介入してもらい，ヒカリさんの母親が週に3日，日中の育児サポートをすることになりました。さらに，医師を通じて夫の会社に，勤務体制の見直しをお願いしたところ，平日の日勤のみとなり，週末は夫も育児サポートできるようになりました。

（4）対応策による介入の結果

育児サポートを入れることで，ヒカリさんの身体を休める時間が増え，睡眠時間も確保できるようになりました。さらに，前回の治療と同じ抗うつ剤を選択したことで，比較的早期に産後うつ病の症状は改善し，音に対する過敏性も出産前の状態にまで戻りました。

発達障害の女性が精神疾患を合併した場合は，精神疾患の治療を優先します。ヒカリさんの場合も抗ADHD薬を使った治療ではなく，抗うつ剤による治療が優先されました。

（5）事例のまとめ

ASDやADHDの女性は，赤ちゃんの予測不能の行動パターンや甲高い鳴き声に過敏に反応する傾向があります。そのため，育児にストレスを抱えやすいことが分かっています。妊娠が分かった場合は，出産後の育児サポートをどうするか，早めに考えておくことが大事でしょう。また，望んだ妊娠でない場合や過去に精神科疾患の既往がある女性は，産後うつ病の発症リスクが高いことも知っておく必要があります。

産後うつ病を早期にスクリーニングする方法として，エジンバラ産後うつ病質問票（Edinburgh Postnatal Depression Scale；以下，EPDS）が用いられます。この質問票は，10項目で構成され，4段階（0～3点）の評価で，最高が30点，最低が0点となるように作られています。日本では9点以上を産後うつ病疑いとします（岡野ら，1996）。最近では，新生児健診の際に，母親に対してEPDSを実施する自治体も増えています。

当事者の想い

生理を迎える前と生理中のイライラには，大人になっても「もうたくさん」と感じていました。そんな中で妊娠と出産を経験して，周囲が笑顔になればなるほど，辛い思いを話すことができませんでした。こんな気持ち，世界で私一人だけだと思っていましたが，お医者さんにたくさんの女性が悩んでいると教えてもらい，本当に安心しました。(30代・女性)

この事例のOne-Point

特に医療的なケアが必要ないマタニティー・ブルーズと，早期に介入して加療の必要性がある産後うつ病の違いをよく理解しておくことが重要です。産後2週間を過ぎても，涙もろさや抑うつ，不安，緊張，集中困難，不眠などの精神的な症状が続く場合は，産後うつ病を疑い，お住まいの地域の保健師さんや助産師さんに相談するか，メンタルクリニックを受診してみましょう。

※注　p.62の表3-3-1は，日本精神神経学会．(日本語版用語監修)，高橋三郎・大野裕．(監訳)．(2014)．DSM-5：精神疾患の診断・統計マニュアル．pp171-172，東京：医学書院．より作成．

【文 献】

星野仁彦．(2016)．発達障害に気づかない母親たち．PHP研究所．
岡野禎治，野村純一，越川法子，土居通哉，辰沼利彦．(1991)．Maternity Bluesと産後うつ病の比較文化的研究．精神医学．33 (10)，1051-1058．
岡野禎治・村田真理子・増地聡子．(1996)．日本版エジンバラ産後うつ病自己評価表（EPDS）の信頼性と妥当性．精神科診断学．7 (4)，525-533．
Takeda, T., Tasaka, K., Sakata, M., Murata, Y. (2006). Prevalence of premenstrual syndrome and premenstrual dysphoric disorder in Japanese women. Arch Womens Ment Health. 9 (4), 209-212.

解説　成長するから生じる「こころ」の問題

木谷秀勝

金子みすゞの作品「こころ」を紹介します。

　お母さまは／大人で大きいけれど、／お母さまの／おこころはちいさい。／／だって、お母さまはいいました、／ちいさい私でいっぱいだって。／／私は子供で／ちいさいけれど、／ちいさい私の／こころは大きい。／／だって、大きいお母さまで、／まだいっぱいにならないで、／いろんな事をおもうから。

　発達障害の有無にかかわらず、「こころ」は不思議な世界です。この詩に表現されるように、子どもは「いろんなことをおもう」想像の世界を楽しみながら成長して、やがて大人になるにつれていろいろな思いで「いっぱい」になり、不安を抱えながら生きています。

　本章で別府氏と野村氏が紹介してくれた事例からも、発達障害の当事者が成長するにつれて、本来の「想像世界を楽しむ」姿から、だんだんと現実が見えてきて、本当に「こころ」が「いっぱい」になっていく様子がよくわかります。特に、心身と環境の変化が大きい中学校では、多くの発達障害児が大きく揺れることは確かです。しかも、女の子の場合には、前章で示した「からだ」の変化や、複雑な人間関係によるストレスから、「こころ」が「いっぱい」になるだけでなく、「こころ」が「いっぱい」になったことをどうやって言葉で表現すればいいかわからなくなり、事例のように自分自身を見失っていく場合も見られます。それでも、早期から診断告知を受けて、「自己理解」を進める環境が準備されている場合は、今回の介入のように、自分らしい「こころ」の世界を取り戻すことが可能になります。

ところが，中並氏が示した事例のように，成人後に診断を受ける発達障害の女性が増えてきています。その場合，当初の訴えの多くに身体症状（今回のようなPMDDや産後うつ病）があり，それこそ「こころ」が「いっぱい」になり，もがいている「からだ」の状態になっています。そのため，「こころ」自体を見失ってしまった状態が生じています。それは本当に苦しい世界だと想像できます。

　こうした「こころ」が混乱している状態だからこそ，一緒に「こころ」を見つめ直す長い旅の同行者が必要になります。それが，臨床心理士や精神科の医師などの専門家です。そして，専門家が大切にしていることは，旅の出発点を丁寧に見定める作業を当事者と一緒に進めることです。別府氏の心の理論の視点や野村氏のレーダーチャート，中並氏の診断する作業は，ともに新たな旅の出発点と旅の方向を一緒に見定める大切な共同作業です。

　その時に大切にする視点は，個々の当事者のそれまでの生き方を尊重することだと考えています。先に述べたように，成長するからこそ「こころ」の混乱は生じています。当事者と面接をしていても，一生懸命に自分らしく生きて行こうと苦悩しています。その姿そのものを尊重しながら新しい旅日記を一緒に言葉にしながら綴っていく作業が治療の根幹に必要だと考えています。「いろんなことをおもう」能力は，苦しさだけ（自分の苦手さ）でなく，人生の楽しみ（自分の強み）も育む，まさしく「自己理解」を深める新たな一人旅の出発点になるはずです。

　お母様方，いつまでも「ちいさいわたし」として子ども扱いしないで，苦悩しながらも豊かな「こころ」を見つける旅へと送り出してあげてください。

【文献】

金子みすゞ．（1984）こだまでしょうか，いいえ，誰でも．：金子みすゞ詩集百選．宮帯出版社．

第4章 発達障害のある女の子・女性の「関係性」からの理解と対応

1 幼児期の理解と対応

山口真理子

事例 1 「すぐにかんしゃくを起こす，ユメちゃん」のケース

 プロフィールと主訴

(1) ユメちゃんのプロフィール

　ユメちゃんは自閉スペクトラム症（ASD）の3歳の女の子です。新版K式発達検査では全検査DQ（発達指数）は56で，全般的な発達の遅れとともに，姿勢・運動領域と認知・適応領域に比べて言語・社会領域の発達がゆっくりというアンバランスさがあります。1歳半健診で指さしがなく経過観察でしたが，3歳が近づいても言葉が増えないことを心配し，母親が保健センターに連絡して医療機関を紹介されました。ASDの診断を受け，療育手帳も取得しました。
　ユメちゃんは，「食事」や「お風呂」といった日常生活の場面とそれに伴う単語程度の言葉の指示は理解でき，機嫌がよいと「ティッシュ取って」等の限られた口頭の指示に応じます。発語は拒否の「いや」程度で，要求の指さしがなく，欲しい物は自分で取るか，母親の手を引いて連れて行きます。思いが通らないとかんしゃくになることも頻繁でした。アイコンタクトは少なく，目が合っても微笑むことがありませんでした。幼児向けのテレビ番組を見て踊ることが好

きですが，玉おとしのような玩具は持続しませんでした。

父親は会社員，母親は専業主婦，1歳前の弟がいます。母親は真面目な性格で周囲に迷惑をかけることを気にしてか，ユメちゃんの行動を制止し，叱りつけていました。母親が手遊び歌やスキンシップをしようとしても，触れられると騒ぐため，どうしていいかわからないようでした。また，2人の子育てで余裕がなくなったため，児童発達支援事業所を週2回利用し始めました。

（2）主訴

母親は「言うことを聞かずにかんしゃくを起こします。もっとことばが伸びれば言えると思うんですが……」と話していました。診断後に医師から作業療法を勧められて来談しました。初来談時は，待ち合い広場のすべり台で遊んで待っていました。担当者が訓練室に促すと，母親の声かけにも「いや！」と遊び続けました。そのうち母親の語気も荒くなり，ユメちゃんは泣き出しました。すると母親は「泣かないの！ やめなさい！」と嫌がるユメちゃんの手を引っ張って連れて行きました。本人のペースでよいことを伝え，母親は落ち着きを取り戻したものの，何かとユメちゃんの行動が気になり指示的な声かけをしていました。

2 事例解説

（1）一般的に言われていること

乳幼児期からの母子関係は，園や学校の先生との関係や友人関係といった全ての人間関係の基盤となります。母子間での，求めれば助けてもらえる安心感や興味を共有する喜び，不安や葛藤が包み込まれる体験が自尊心を育み，それが社会への探索や自己表現に繋がります（木田，2016）。母子関係は母親の精神的健康にも影響されやすく，野邑ら（2010）は，ASDの母親は一般の母親に比べ抑うつ傾向が高く，それらを踏まえた支援が必要と指摘しています。

母親との関係性から見た女の子の子育ての場合，男の子に比べ礼儀正しさや社会のマナーを無意識に求められます。また母親もかつて「女の子」として育

られている側面があります。ASDの場合、幼児期の診断前では社会的に不適切な行動が障害特性として捉えられていないため、より女の子らしくしつけなければという思いが、母子のコミュニケーションにズレを生じさせる可能性があります。

（2）ユメちゃんの背景にあるもの

今回のケースは、母親が早期に診断を受けて、子どものASDの症状や診断に納得し、療育の必要性も感じていました。しかし、"療育を受けると言葉が伸びる"という表面的な理解にとどまり、ユメちゃん自身が発することをどう読み取るか、といった本人理解には至っていませんでした。

ユメちゃんのかんしゃくは、適切な要求のスキルが身についていないために、制止した瞬間にかんしゃくになっていました。母親は「女の子」らしく育てようと様々な行動を制止し、結果的に、母親との間で過敏な関係性のパターンとなっていました。さらに、触覚過敏で体を抑えられることの不快も生じ、情緒的な関わりであるスキンシップすら警戒していました。母親も愛情表現が跳ね返され、無力感やいら立ちを募らせていたと想像できます。

（3）ユメちゃんへの対応・支援

療育にあたって、以下のような支援を考えました。

> ① 本人の作業療法と、母親への心理面接を同室で行う。
> ② セラピーの終了は本人の満足したタイミングを見計らって終える。
> ③ 臨床心理士はセラピー中の作業療法士（OT）の関わりの意味やユメちゃんの行動の意図を代弁する形で母親に伝える。

今回は、ユメちゃんと母親の関係性を繋ぐための支援を考えました。通常は本人とOTのセラピーに保護者が寄り添うかたちで観察し、必要に応じてフィードバックして理解を促すかたちを取っていました。しかし、今回は母親が心理的に落ち着いて観察できる状況が必要でした。また、障害特性の理解だけでなく、ユメちゃん自身が感じていることやサインに気づき、受け止めてい

くプロセスが重要でした。

（4）対応・支援による介入の結果

　ユメちゃんはセラピーの入室前は待てずにかんしゃくになり，母親も叱責していました。臨床心理士がユメちゃんにゆっくりと「入りたかったね」と声かけすると，若干かんしゃくが和らぎ「ふ〜ん，ふ〜ん」と甘えるような声になりました。1か月後も同様に対応すると，甘え声に加えて目が合うようになり，母親も臨床心理士と同じような口調で「遊びたいね」と声をかけるようになっていました。セラピー中は臨床心理士と母親が室内の一角に座り，ユメちゃんとOTを眺めていました。OTはユメちゃんが興味を示した物を遊びに繋げ，ユメちゃんの模倣をして共有体験を増やしました。2か月すると，セラピー中に母親を見ることが増え，臨床心理士は「今，見てましたね」と母親に語りかけたり，「ママ，ヤッホー」と，ユメちゃんの言葉として声にしました。ある時，ふと母親に近づいて来たので臨床心理士が「ママ，がんばった」とユメちゃんとして声にすると，母親とユメちゃんがほんの一瞬優しく抱き合い，また遊びに戻って行きました。それまでのセラピーはOTがユメちゃんの様子から判断して終えていましたが，この頃からユメちゃんが一通り遊ぶと母親の膝に来て，（臨床心理士）「ママ，がんばったよ」，（母親）「楽しかったね」といったやりとりでセラピーを終えるようになりました。

　家庭では3〜4か月でかんしゃくがずいぶんと減りました。6か月後には「ママ」「抱っこ」という言葉が出て，母親の膝に座ることが増え，母親も褒めると喜ぶという話を嬉しそうにするようになりました。児童発達支援事業所でもスタッフに「おはよう」などそれらしく挨拶するようになったとのことでした。

ある当事者の声

　小学生のころ，宿題をしている時に母親が間違いを指摘すると，ノートをグチャグチャにすることがありました。自分のことをダメだと言われているような気持ちになっていました。（20代・女性）

―――― この事例のOne-Point ――――
**母親に向けた子どものサインを読み取って，
子どもからのメッセージとして母親に伝えてあげましょう。**

事例 2 >「登園をしぶる，アオイちゃん」のケース

 プロフィールと主訴

（1）アオイちゃんのプロフィール

　アオイちゃんは幼稚園の年中の女の子です。5歳でASDと診断されました。田中ビネー知能検査VではIQは96で，知的な遅れはなく，療育手帳は取得していません。早生まれで体は小さめです。人見知りですが安心できる大人にはおしゃべりです。お姫様のキャラクターのお絵描きやDVD鑑賞が好きですが，そこから食事やお風呂に促すのに時間がかかります。
　時々，夜中に目を覚ますことや夜尿があります。食事は好き嫌いがあって少食で，給食は減らしていました。幼稚園の入園当初は，登園時に母親と別れてしくしく泣いており，園のトイレの利用にも1か月かかりました。衣服は締め付けるものは嫌いますが，園のスモックは着ています。幼稚園では女の子に誘われてお絵描きや折り紙で遊びますが，体操やフルーツバスケットではおろおろすることが多く，突然の音やざわざわした場面も苦手です。母親が年中になっても運動会で立ち尽くすアオイちゃんを目にして，担任に相談したところ市の相談会を勧められました。そこで医療機関を紹介され，ASDの診断を受けました。
　父親は会社員，母親は専業主婦，一人っ子の三人暮らしです。両親とも実家は市外です。母親はアオイちゃんの気持ちに寄り添おうとしますが，不安が強

く，気持ちを先取りして対応しているようでした。また，ピアノ，バレエ，リトミックとたくさんの習い事をさせていました。

(2) 主訴

母親は「幼稚園に行きたがらない。どうしたらいいでしょうか？」と語られました。入園してから朝なかなか起きず，ぐずぐずして支度が進みませんでした。帰宅後はちょっとしたことでかんしゃくになっていました。年中になり，登園しぶりとかんしゃくの程度が増し，母親が何が嫌なのかを聞いても漠然としてよくわかりませんでした。そのため，母親は園に不信感を抱いていました。そこで診断を受けたこともあり，専門機関で相談をしたいと来談されました。

 事例解説

(1) 一般的に言われていること

ASDの感覚の問題は，日常生活や集団参加に障壁となるにもかかわらず，周囲には理解されにくい問題です。それは，当事者自身が人と違う感覚を持っていることに気づきにくく，問題を訴えないことが考えられます（岩永, 2014）。幼児期では自分の身体や感覚の状態について表現することが難しく，ASDでは特に抽象的な側面を感じとることや表現することが難しいとされています。また，不器用さや複数の情報処理の難しさ，柔軟性の乏しさもあり，幼児期の初めての集団生活では，経験したことのない多様な刺激や予測不能な状況に恐怖や不安を感じることでしょう。

こうした感覚過敏や不器用さは，不機嫌さや落ち着きのなさ，体調不良として表れ，身体的にも精神的にも疲労をもたらします。また，木谷（2016）は，敏感さへの対応について，家族や周囲が本人以上に敏感になることで，本人の自己評価を低下させ，周囲への過剰な敏感さ（対人緊張や迫害感）を強化し，結果的に不登校や引きこもりといった回避行動が生じる傾向が高くなると指摘しています。さらに敏感さ自体の軽減だけでなく，リラックスしながら主体的に敏感さを軽減させることができるスキル形成が必要と述べています。

（2）アオイちゃんの背景にあるもの

　アオイちゃんは突然の音やざわざわが苦手な聴覚過敏，締め付け感のある衣服を嫌う触覚過敏，偏食に見られる味覚，嗅覚の過敏など，強い（あるいは，極度に強い）感覚過敏があります。小さい頃からの過剰な嫌がり方は母親を不安にさせ，原因（感覚過敏）を取り除かねばと対応してきました。母親はアオイちゃんの嫌がる原因を探るために園のことを聞き出そうとしたり，かんしゃくを起こさないよう先取りして「どうする？」，「これにする？」と確認が多くなっていました。本人は「怖い」，「イヤだ」と漠然としか表現できず，母親も「何が嫌なの，どうしたいの！」と苛立ち，親子で混乱していました。

　アオイちゃんは不器用で要領がよくなく，指示がないと動けませんでした。お茶も言われないと飲まず，飲んでももたもたしていて，水筒のお茶は減っていませんでした。習い事はピアノは個別レッスンでしたが，アオイちゃんにとってバレエの動きは難しく，リトミックの活動の変化は負担でした。母親は集団が苦手だとわかっていましたが，園に不安があると捉えていたため，園外で色々な経験をさせるのがよいと思っていました。こうして園と習い事で，昼間の緊張と不安，空腹，水分不足による疲労が溜まったままの状態が続き，その疲労が回復しないまま朝を迎え，登園しぶりに至っていたと考えられます。

（3）アオイちゃんへの対応・支援

　アオイちゃんに対しては，以下のような対応策を考えました。

---

① お迎えの車で小さなパックジュースを飲む。
② 習い事をピアノ1つに絞り，週1回は幼稚園を午前中までにして午後に通級指導教室を利用する。
③ 幼稚園でアオイちゃんのサポートにつく先生を一人決め，その先生に助けを求められるようにする。

　まずは，身体的，精神的疲労の軽減と回復が重要でした。園での給食や水分が不十分だったので，帰宅前にお迎えの車でエネルギー補給をしてもらいまし

た。通級指導教室で効果を上げるため幼稚園は午前のみの半日にして，家庭で好きなものを食べてから通級指導教室に行ってもらうようにしました。また，担当者が幼稚園に出向き，感覚過敏の対応や支援について伝えました。助けを求める相手やタイミングが図れないので対応する先生を絞ってもらいました。

（4）対応・支援による介入の結果

　幼稚園のお迎えの車でパックジュースを飲ませると，ほっとした状態で帰宅するようになりました。習い事が減ったことで，母親とゆっくりおやつを食べる時間ができました。母親のアイデアでおやつ用にお姫様のキャラクターのお皿を購入し，それを楽しみに家に帰るようになったのもよかったようです。

　家庭と園では表現の仕方が0か100かといった極端な状態でした。通級指導教室では気持ちを表現することや助けを求めることを目標にし，ボディイメージを高める活動も取り入れました。

　幼稚園ではサポートの先生との関係もでき，発表会や卒園式は練習の開始頃は不安な様子でしたが，当日に近づくにつれ楽しめるようになりました。母親も先生から園での様子を聞くことで安心し，本人から聞き出すことはなくなりました。行事前や休み明けは行きしぶりが増えてはいましたが，以前に比べると程度や頻度は減り，年間を通した調子の波がつかめたことで，母親も落ち着いて対応するようになりました。就学前にはアオイちゃんの訴えに飲み込まれず，背中を押してあげるような発言も出てきました。

　就学は両親で通常学級と支援学級を見学し，通常学級では混乱しそうだと感じ，安心できる環境からスタートさせたいと支援学級を選択しました。入学後は担任にわからないことを聞くことができ，行きしぶりなく登校しています。

ある当事者の声

幼稚園は一日中，物を出したり，片付けたりの連続で，いちいち面倒くさかったです。家に帰るとぐったりで，なぜ幼稚園に行かなければいけないのかと毎日母に文句を言っていました。(18歳・女性)

―― この事例のOne-Point ――

**生活のリズムを大切にしながら，その日の疲れは
その日のうちに取れるような生活を組み立てましょう。**

【文 献】

本田秀夫．(2016)．早期発見・早期療育・親支援はなぜ必要か？：本田秀夫（編著），発達障害の早期発見・早期療育・親支援．金子書房．

岩永竜一郎．(2014)．自閉症スペクトラムの子どもの感覚・運動の問題への対処法：感覚運動面のアセスメント（pp72-87）．東京書籍．

木谷秀勝．(2016)．敏感すぎる子．児童心理，70（3），89-93．金子書房．

野邑健二・金子一史・本城秀次・吉川徹・石川美都里・松岡弥玲・辻井正次．(2010)．高機能広汎性発達障害児の母親の抑うつについて．小児の精神と神経，50（3），259-267．

2　学童期以降の理解と対応

安田和夫

> 事例 ▷ 「いじめにあって転校した，サトミさん」のケース

1　プロフィールと主訴

（1）サトミさんのプロフィール

　サトミさんは，勉強が大好きな公立中学3年生（15歳）です。FIQは128と知的に遅れはなく，自分の好きな勉強がいっぱいできる県内有数の進学高校への入学を目指してがんばっている女の子です。ただ，苦手なこともはっきりしていて，数学の図形領域，特に空間図形については，ほとんどできませんでした。また，絵画や造形など，美術はどこからどのように描くのか，形作るのか，よくわからず，小学生の時から苦手にしていました。

　サトミさんのご家族は，両親，本人，妹，弟の5人で，いつも笑顔が絶えません。周囲にいやな思いをさせないように気を遣うお父さんは，サトミさんの安心基地です。また，いつも物怖じせず，常に明確な意見を述べる行動力抜群のお母さんはサトミさんのあこがれであり，守護神のような存在です。そして，優しいサトミさんは，個性豊かな妹や弟からとても頼られているお姉さんです。

　そんなサトミさんは，小さい頃から優しい子で，周囲をほっとさせる性格である一方，時々トンチンカンな受け答えをして，相手をびっくりさせることもありました。勉強が何よりも大好きなサトミさんは，小学校の時漢字ドリルや算数ドリルの宿題を，先生の指示もないのに2回3回と繰り返すなど，他の子から見ると，びっくりするようなエピソードが絶えませんでした。

　小学校からのエピソードの数々は，限局性学習症（SLD）をはじめ，発達障害

を疑わせるものでしたが，成績も良く，他者に対して迷惑や攻撃をかけるわけでもないために，医療機関を受診することも，教育的措置や合理的配慮の対象になることもありませんでした。

（2）主訴

　相談の発端は，いじめを受け続けていたことで，その解決が主訴といえます。ただ，「学習上，苦手な分野がはっきりしていること」「コミュニケーションがちぐはぐになる時があること」についても，あわせて相談を受けました。
　小学3年生頃までは，そんな人を驚かすようなエピソードも，天然キャラのおかげもあってか，人とのトラブルになることもなく，友達も何人かいて，楽しい学校生活でした。しかし，高学年になると，勉強がよくできて，外遊びよりも読書やドリル学習が大好きなサトミさんに対して，同性からの心ないからかいや，仲間はずれや無視など，いやがらせが顕著になってきました。友達の中でもサトミさんが一番信頼していたトモコさんが，とうとう，サトミさんを仲間はずれにするグループに加わったときには，学級の中で孤立し，とても悲しい思いをしたこともありました。
　お母さんは，その異変に気づき，サトミさんからいろいろ話を聞く中で，このまま放置していてはいけないと，学校に出向き，いじめの調査をしてほしいと担任に訴えましたが，「いじめはありません」と取り合ってもらえませんでした。そこで，保護者会にこの話題を取り上げ，情報交換をしようとしましたが，ここでも議題に取り上げられず，心配な状況が続きました。
　そこで，中学校進学に際しては，地元中学校ではなく，電車で通う私立中学校への進学を決めました。
　進学直後は様々な小学校から集まってきたこともあり，お互いに深く関わり合うことも少なく，サトミさんにとっては，その距離感がとても安心できるものでした。また，電車通学に加え，放課後には大好きな塾がほとんど毎日あるので，仲間関係の煩わしさから逃れることができました。
　こうして，中学校生活は，なんら問題がないように見えましたが，2年生になると，同じ学級のある女子グループが，サトミさんに対して，自分たちのグループに入るように誘ってきました。しかし，グループに入る，入らないとい

うことにはまったく興味も関心もないサトミさんは、即答で「ごめんなさい。勉強で忙しいので、入れないわ」と断りました。

その翌日から、陰湿ないじめが始まりました。サトミさんに近寄ってきて「くさい」「どこからにおうのかしら。サトミよ。間違いない」と、代わる代わる大きな声で言い放ちました。彼女たちはサトミさんを精神的に追い詰めるつもりだったのでしょうが、サトミさんには確信がありました。毎日「いつまで入っているの？」とお母さんに飽きられるくらい、お風呂で頭の先からつま先まで丁寧に洗っているので「くさいはずがない」と、根拠のないからかいには動じませんでした。

予想外の相手の反応に、女子グループは、さらにいじめをエスカレートしていきました。一学年上の上級生男子に声をかけました。上級生は徒党を組み、休み時間にサトミさんのところに来ては、「サトミっておまえか！　くさい！くさい！」と大声でからかいました。

ちょうどその頃です。サトミさんのお母さんから、旧知の仲だった筆者に、「相談に乗ってほしい」と連絡がありました。以前から、小学校時代のサトミさんの様子を聞いていたので、気になっていました。当時、教育委員会の教育相談に携わっていた私は、電話で中学校でのいじめの様子を聞いて、すぐにでも対応が必要だと考え、面談することにしました。

そして、今すぐに学校にいじめ解消への対応を迫ること、緊急避難として、サトミさんを休ませることも提案しました。

すでに、お母さんは、中学校に対して、事実の確認を強く求めていました。担任は母親の訴えを聞いてはくれましたが、ここでも「彼女（サトミさんをいじめるグループのリーダー）はしっかりした子で、いじめなんてするはずがありません」と取り合ってくれなかったといいます。

また、お母さんから「学校を休んでみたら」とサトミさんに話をしてもらいましたが、サトミさん自身、「大好きな塾は行っても学校は休む」ということに納得できず、「塾に行けないのはいやだから、学校は行く」と、普段は自分で結論を出すことを躊躇するサトミさんが強く主張しました。

しかし、事態はさらに深刻になります。顔も合わせたことがないような知らない上級生のいやがらせが続く中で、次第に「本当はくさいのかもしれない」

い。」とさえ言い始めました。

　しかし，数日後，「自分はくさい」との心配はなくなったというのです。ある日，電車で知らない高校生からナンパをされたというのです。高校生達はサトミさんに近寄ってきて，「一緒に遊ぼうぜ」と話し始めたそうです。そこで，サトミさんは気がついたそうです。自分のことをまったく知らない彼らが，本当に私がくさいなら，すぐに逃げていくに違いないと。サトミさんのこの納得により，女子グループから長期間にわたって仕掛けられた呪縛は一気にほどけました。

　しかし，その頃，筆者がサトミさんとの個別面談をしているときに，幻覚や幻聴があるということを知りました。精神疾患の発症の可能性を感じ，さっそく，知り合いの精神科医にみてもらうことにしました。相談経過，心理検査等の結果を添付した紹介状を持参してもらい，初診を受けました。その後，数回の受診，検査結果などから，「統合失調症」を発症していること，背景に，「自閉スペクトラム症（ASD）」「限局性学習症（SLD）」があることがみえてきました。

　母親には，改めて「学校へ行かないことも必要ではないか」と勧めました。3年の夏休みのことでした。数日後，お母さんから，驚く決断を相談されます。公立中学校への転校でした。実家の祖母を頼り，誰も知らない中学校での生活を始めさせたいということでした。相談された精神科医も筆者も困惑しました。懸念したことは，確かに，思い切った環境改善は必要だが，うまくいくとは限らないこと，高校受験の半年前での大がかりな環境改善は，本人の精神的負担も大きいことなどです。懸念されることを話しましたが，母親の決意は固く，子どもを守りたいという気持ちが全面にあふれ出ていて，とにかく全力でサポートすることを約束するしかありませんでした。

　実は，この「勝負手」は結果として大成功でした。転校先の中学校では穏やかな人間関係の中で，いじめもからかいもなく，サトミさんはすっかり落ち着くことができました。

　サトミさんは，積極的に仲間づくりをするタイプではありませんが，新しい学校の仲間は，勉学に励み好成績を連発するサトミさんを妬むどころか，尊敬のまなざしで見てくれて，トンチンカンな受け応えさえも「楽しいサトミさん

として，丸ごと受け止めてくれています。

事例解説

（1）一般的にいわれていること

　ASDといっても，現れ方は様々ですが，コミュニケーションをとることが苦手で，限定された行動や興味，反復行動があることが特徴とされています。また，これらの特徴は，発達段階，年齢によって大きく変化していくことや，環境の影響を受けやすいことも確かです。

　たとえば，幼少期は，積極的で目立つ言動で立ち振る舞い，しばしば相手を怒らせることで，結果として，傷ついてしまいがちな，いわゆる「積極奇異型」といわれる行動特徴が，学齢期に入り，周囲のバッシングやトラブルにより傷つくことを恐れ，人との距離感をとり，自ら発信せず，防衛的で受け身な，いわゆる「受動型」といわれる行動特徴に変化していくことがあります。

　おとなしく従順であるために，問題がないように思われがちですが，ASDの特徴である質的なコミュニケーションの困難さが解消されているわけではなく，様々な課題が見えにくくなる分，不登校やひきこもりなどの二次障害の兆しを見逃してしまうことになりかねません。

　特に，女の子の場合，小学校高学年から中学校時代にかけて，女子グループに入る，入らないとか，同調性を重んじる部活動での些細なトラブルが，仲間はずれやからかいの対象になりやすく，時には陰湿ないじめに発展するケースも心配されるところです。

（2）サトミさんの背景にあるもの

　サトミさんは，小学生の時は自分では自覚も悪意もないままに，トンチンカンな反応や言動をしてしまう「不思議ちゃん」でした。しかし，勉強が大好きなサトミさんは，いつもいい成績を取っていたので，周囲の注目を集めていました。低学年のうちは，成績が優秀なだけではなく，最後まで責任を持ってやり遂げる頼りがいのあるところもあり，先生や級友から一目置かれていました。

まさに，低学年の時は，級友との違いを気にすることなく，むしろ，「みんないっしょ」という気持ちが強く，彼女のユニークなところも個性として受けとめられ，大きな問題は顕在化していませんでした。

しかし，次第に年齢が上がり，中学年以降，女の子たちが他者との違いや利害に敏感になり，女子グループがいくつかできるようになると，サトミさんのような存在は「グループに入らない変わり者」「いつも勉強している点取り屋」などと見られ，反撃をすることを知らない彼女の穏やかな性格さえも，事態を悪化させ，仲間はずれなどの，いじめに発展していったものと思われます。

進学先の中学校での凄惨ないじめも，ほぼ同じ構造だと考えられます。

そこで，対応・介入の方向を大きく2つ考えました。

---

① お母さんと学校に対しての働きかけ方を相談し，事態の改善を図る。
② 本人に対して，どのようにしたいと願っているかなど，自らの意思を言語化し，家族との話し合いや級友などとの関わりにつないでいく。

（3）サトミさんへの対応・支援

サトミさんには，知能検査や心理検査を実施するとともに，面接を行いました。主に，学校生活や塾のこと，家族のことなど，事実エピソードを聞きながら，その時の自分の感情，気持ちを整理して語ってもらいました。

そのことで，自分ではよかれと思って，相手を傷つけたくないと思ってしたことでも，相手を怒らせることがあることに気づいてもらうとともに，時には自分の意見や主張を明確に相手に伝えることで，自分のことをわかってもらうことにつながることを過去のエピソードに重ねながら話しました。

また，近い目標となる高校入学に対しては，自らの意思を持ちながら，家族と相談ができるように進めていきました。

一方，前述のように，幻覚幻聴があることがわかり，信頼する精神科医を紹介しました。医療機関につなぐにあたっては，本人，お母さんには十分説明を行い，現在の症状の軽減だけでなく，今後のサトミさんの応援団になってもらえることと説明しました。

（４）対応・支援による介入の結果

　いじめがなかなか解消されない中，お母さんの思いきった決断により，劇的に環境改善が図られ，ダイナミックに状況が変わり，いじめはなくなりました。また，幻覚幻聴の症状も少しずつ緩和されつつあります。今後も，通院，服薬は続けていくことになりますが，そのことの重要性は，本人も家族も理解しています。

　お母さんは，サトミさんの転校先の対応に感謝しつつ，落ち着いてきた状況の中で，今後は守り続けることばかりではなく，サトミさん自身の自己選択や自己決定を促すことや見守ることの必要性を考え始めています。

　サトミさんは，目の前の高校受験を目指してがんばっています。医師からも，SLDの可能性について説明を受け，努力不足ではないことが理解でき，これからは苦手な分野ばかりに気をとられず，得意分野で補う方向でがんばっていきたいと意欲を新たにしています。また，自分の思いを先生や級友，家族にも積極的に伝えようとする姿も増えてきました。

　面接では，今もこちらが笑ってしまうような微笑ましいエピソードを報告してくれます。そんな時，「みんながどうして笑うのかわからない！」と，怪訝そうにしながらも，ゆとりのある笑顔で話してくれています。

ある当事者の声

　中学校の時，ある女子グループに誘われ，迷った末に自分の身を守りたい一心からそのグループに入りました。グループの中では，買い物に行かされたり，いじめをすることを命じられたりしました。いま振り返ると，自分がいじめられていた時も苦しかったけど，人をいじめる側に回ったときは，もっと苦しかった。当時のことが時々フラッシュバックすることもあります。（20代・女性）

―― この事例の One-Point ――

　ASDは年齢によって注意すべき行動特徴が変化します。女の子は，本人も周囲も対人関係に敏感になる小学校高学年から要注意です。

解説 「からだ」と「こころ」から,「関係性」へ

木谷秀勝

　長年支援を続けているASDの女性が,中学校の国語の授業で,次のような詩を創作しました。

　　わたしをからかわないで　何も言わない空気に向かって言うように　根もないことを　わたしに向かって言わないでください
　　わたしは真実　何もかも本当のことと思ってしまう真実
　　わたしを見つめないで　何も返事をしない「もの」のように　何も返事をしない　ブラウン管に映る人々のように　見つめないでください
　　わたしは照れ屋さん　じっと見つめて話すのが苦手な　照れ屋さん
　　わたしを自由にしないで　スイッチを切るように　警官が容疑者を捕まえるように　自由にしないでください
　　わたしは暴れん坊　子供ではないが子供のような暴れん坊
　　わたしに勉強をしない心を与えないで　何も勉強しないイヌやネコやキンギョといった動物のように　与えないでください
　　わたしは人間　地球でも珍しい勉強する動物　人間
　　わたしを止めないで　歴史上の人物のように　ビデオの停止ボタンのように　止めないでください
　　わたしは今を　そしてこれからを創りあげる　生命

　もうおわかりのように,ASDであっても,NT（定型発達者）であっても,他者との「関係性」を抜きに成長はありません。しかし,ここで重要なことは,「関係性」は「からだ」と「こころ」とのバランスのうえで,安定感が促進されたり,阻害されることを忘れてはいけません。同時に,「関係性」という言葉から

わかるように，対象となる女の子だけでなく，その子に関わっている母親や教師や友達自身にも成長が見られて初めて，「関係性」と言うことができます。特に，われわれ支援する側の人間は，後者の視点を見失いがちです。「障害があるから」，「女の子だから」と「その子を何とかしてあげないといけない」気持ちばかりが先行して，結果として「からだ」と「こころ」の悲鳴を聞き逃していることは，山口氏と安田氏の事例からも理解できます。

　最初に紹介した詩からもわかるように，ASDの女性は，他者との関わりを求めています。「何もかも本当のこととおもってしまう」，「じっと見つめて話すのが苦手」，「子供ではないが子供のような」，でも，「勉強する動物」であり，「これからを創りあげる」ように，成長することに誰よりも「からだ」と「こころ」全体で喜びを感じています。その成長を障害特有だから，女性特有だからと一方的に判断するのではなく，「関係性」を通した成長を誰れよりも「じっと待っている」雛だと考えてください。卵から生まれる時には，親鳥が最初に殻を突くと，後は雛が自分の力で殻から出て，親鳥との「関係性」をスタートさせます。それはインプリンティング（刷り込み現象）と呼ばれ，そこから一生に渡る親子の絆が生まれることがわかっています（ロレンツ，1970）。

　最初に紹介した詩は，元々は新川和江氏の「わたしを束ねないで」をモチーフに創作した詩です。その新川氏の詩には次のような一文があります。

> わたしを名付けないで　娘という名　妻という名　重々しい母という名でしつらえた座に　座りきりにさせないでください　わたしは風　りんごと木と　泉のありかを知っている風

「わたし」は，「風」であり，「これからを創りあげる　生命」だとしたら，「あなた」は？

【文献】

コンラート・ロレンツ（1970）．ソロモンの指環：動物行動学入門．早川書房．
新川和江．（1966）．わたしを束ねないで．「地球」．42号．

第5章 発達障害のある女の子・女性の青年期から中年期以降

木谷秀勝

 はじめに

　発達障害に関して，生涯発達の視点を取り入れた研究としては，Kannerが1943年に発表した11例の追跡調査研究として1971年に報告しています（Kanner, 1971）。以来，近年まで他の発達障害や成人期から中年期にわたる長期的な生涯発達に関する研究成果が乏しいのは確かです。

　Wright（2016）は，中年期以降のASDに関する概説で，「自閉症と加齢の問題は，もはや知らないでは済まされない，見過ごすことができない，あるいは無視できない時代である」（筆者訳）と指摘しています。この言葉が示すように，過去，また現在支援している発達障害者が成人期以降の（本当に）長い人生を，それぞれの年齢に適したQOL（生活の質）を維持しながら，どのような生活が最適なのかを検討することは，われわれ研究者にとって，また家族にとっても重要な問題です。特に，各章で紹介した事例からわかるように，そこに「女性としての生き方」の要因を加えるだけでも，さらに複雑な問題が浮かび上がってくることは確かです。

　そこで，本章では，青年期以降の問題，特に結婚，配偶者との関わり，出産や育児，そして最後に壮年期の問題点について考えてみます。

 青年期から成人期の女性が抱える問題点

　神尾ら（2010）は，青年期以降の女性ASDについて，成長するに伴って，一般常識としての「女性らしさ」や「女性だから当然できること」への期待値も同時に高くなり，そこに幼少時期からのさまざまなストレスや潜在的な不安や抑うつの高さなど環境要因が加算されることで，青年期以降に精神的な問題へと

破たんする可能性，特に女性の場合に高くなると報告しています。

同様に砂川（2015）は，女性ASDの「障害を見えにくくする要因」として，「『大人しさ』のベール」，「就労状況のベール」，「家庭のベール」，「精神症状のベール」という4つの「社会的なベール」のなかで，「適応しようと努力と失敗を繰り返した結果として身に付けたスキル」により，周囲から理解されにくいことを指摘しています。

しかも，こうした生きにくさの心理的背景として，ASDの併存症として周知されている抑うつ状態と同様に，不安障害の問題も多く見られることがわかってきました（朝倉，2012・2015，Kent & Simonoff，2017，Maddox & White，2015）。その不安障害の中でも，朝倉が示すように青年期のASDに多く見られる社交不安障害に関して，DSM-5（APA，2013/2014）には，一般人口比では女性の方が男性よりも高い発症率だと記載されています。

近年の心身症に関する研究でも，発達障害と心身症との関連性を指摘する研究が多く見られます（奥平，2008，端詰ら，2012，傳田，2017，澤原ら，2017，岡本ら，2017）。そこでも，女性ASDの過食に対する発達障害の特性を配慮した治療方法の検討（松岡ら，2016）や拒食症への対応（髙宮，2011）として，発達障害特性だけでなく，女性性や女性としての社会的モデルの必要性といった心理社会的要因を配慮した治療が重要だと指摘されています。また，「知的障害または発達障害を伴う女児および若年女性」を対象とした月経異常（矢田ら，2017）の調査研究で，小児科と婦人科との連携と合せて，「患者のQOL改善のための治療」の検討が重要だと指摘されています。

つまり，青年期以降の発達障害の女性の場合，発達障害の女性特有の問題点として，①長年にわたるストレス，②感覚障害から身体感覚を表現できない，③長期にわたる適切な女性モデルの不在といった，生活全般にわたるQOLを十分に配慮することがストレスの軽減につながることを示しています。

したがって，以下の節では，予防的な視点からも発達障害の女性特有の問題点について整理してみましょう。

青年期・成人期の発達障害の女性にとっての「性機能」の重要性と問題点

　男女を問わず，発達障害者のQOLを考える場合，「性機能（Sexual Functioning）」は重要な視点です。この場合の「性機能」とは，性に関する知識・単独で行っている性行動（自慰行為など）・パートナーとの性行動・性行動に付随する認知・感情・反応を示しています。

　光武ら（2016）は，保護者にとって，発達障害の女性のほうが発達障害の男性よりも，「第二次性徴に関すること等」と「結婚・性交に関すること等」への性教育の必要性が高いこと，「第二次性徴の出現に伴い，妊娠・出産の可能性が生じる」ことへの不安や悩みが生じやすいことを明らかにしています。また，同じ調査結果からは，「結婚・性交に関すること等」に関するニーズは，「知的発達の遅れがみられない，および，ボーダーラインにある子をもつ保護者」の方が，「知的発達の遅れが中度の子を持つ保護者」よりも高いこと，「結婚・性交は，その先に妊娠の可能性」が懸念されることを指摘しています。

　また，Byersらが21歳から73歳までの独身の高機能ASD（男性61名，女性68名）を対象に調査を実施しています（Byers et al., 2013）。その結果，女性の「性機能」に関する全体的な特徴は「（男性よりも）性への不安が高く，性的興奮が低く，1人と2人での性行動が少なく，また性的行動やビデオを視る頻度も少なく，性を肯定的に見ることが低く，性の悩みが高い」（筆者訳）傾向を明らかにしています。

　この結果の背景には，発達障害の女性が抱える2つの問題点が考えられます。第1に，幼少時から「女の子らしさ」を強調された性教育による「性機能」へのネガティブな認知の形成です。一般成人と同様に，「性機能」は，性的健康さとしての，「ポジティブな情緒的，心理的，そして社会的性機能」をもっていて，この肯定的あるいは否定的な両面について広い視野から検討する必要があります。第2に，先に述べたように，発達障害の女性に高い頻度で見られる社交不安障害など，元々強い対人緊張や抑うつ傾向による影響も考えられます。特に，後者の場合，後述する結婚にも関連する重要な問題点です。

4 結婚・妊娠・出産をめぐる課題①
——「ファンタジーとしての結婚」

　近年，発達障害の女性に特有な，結婚・妊娠・出産をめぐる問題点が明らかになってきました（笠原，2009，北口ら，2011，岩田，2015，福元ら，2016）。そこに共通する障害特性の問題は，「うつや不安（産後うつを含む）」，「育児困難」，「周囲のサポート」です。

　ところが，こうした問題が結婚後に顕著になることは確かですが，筆者が児童期や思春期から継続的に支援している発達障害の女性との面接で実感することは，結婚・妊娠・出産への願望を抱き始めて，現在でいう「婚活」に積極的になっていく青年後期の段階から検討を始める必要性です。

　そこで，「婚活」を続けながらも自己理解が進み始めている事例と，「婚活」を通して結婚した事例を紹介しながら，結婚前後に生じるさまざまなリスクに関する心理的要因について検討してみます。

（1）事例1：20代のアスペルガー症候群（発達性協調運動障害を併存）の女性（サユリさん）

　サユリさんは，小学校入学後に，ボンヤリすることが多い，学校生活全般に時間がかかり，他児から注意されるとパニックになることが続き，来談しました。WISC-Ⅲでは，言語性IQのほうが動作性IQより高く，その差が35以上あり，同上の診断がわかりました。その後も，女子特有の友人関係のトラブルからいじめを受けることが多く，3年生から通級指導を中学卒業まで受けました。高学年時の面接では「自分はブスだから」と自己肯定感の低下が強くなる半面，アニメの世界に没入しながら，自分がヒロインになり，主人公と恋に落ちるストーリーを筆者にうれしそうに語る状態が続いていました。

　高校はいわゆる底辺校に入学しましたが，そこでもいじめを体験したので，同級生に会うのが嫌だと，高校卒業後はその高校がある地域から片道2時間かかる専門学校に通学しました。専門学校卒業後も，サユリさんは頑張って就職活動を行い，食品加工関係の工場に就職できましたが，不器用さのため，同僚からのいじめを受けることが多く，退職後はパート先を転々としていました。

　こうした辛い現実を回避するかのように，「婚活パーティー」への申し込みを

しては，筆者との面接でパーティーに着る予定のワンピースを身につけて，化粧もこの位でいいだろうかと確認を求めることが続きます。その背景には，小さい時から「もっとしっかりとしなさい」，「女の子なのに，なんでこんなに料理が下手なの」と厳しい母親に，なかなか聞くことができない状況がありました。ところが，ワンピースも露出度が多すぎる場合や，化粧もびっくりする位に派手なことが多く，結果的にパーティーに参加しても，こうした不器用さが原因となり，上手くパートナーを見つけることができず，自己肯定感が低下することが続きました。

　一度は，パーティーで知り合った男性と交際ができました。慣れないデートでの振る舞いの相談を何回か聞いていましたが，サユリさんも男性に好感を抱くようになり，デートで接吻できる関係まで進展しました。ところが，その後の面接で，「私は悪い女でしょうか」と泣きそうな雰囲気でした。詳細に聞くと，相手から性行為を求められ，結婚するまではダメと拒否（一種のこだわりのため）してところ，接吻だけはと，ディープな接吻をされた瞬間に生理的な違和感が襲ってきて，パニックになり，帰宅後に着信拒否をして，それまでのプレゼントを送り返したことがわかりました。

　その一方，新たにパートとして働き始めたドラッグストアでは，本人の好きな商品も多く，時間はかかっても丁寧な仕事ぶりが評価されることが増えてきました。その結果，サユリさんから「最近，私は正社員じゃなくて，今みたいなパートの方が疲れないし，自分に合っていると思うようになりました」と（しみじみと）話してくれました。

（2）事例2：30代のアスペルガー症候群の女性（ユカリさん）

　ユカリさんは，思春期に視覚過敏が強くなり，同時に社交不安障害として，同級生の視線が気になる，自分がダメな人間（実際は，成績は上位。ただし，運動が苦手）だと落ち込むことが多くなり，来院しました。その後は，不安を軽減する薬の服用を中心に来院を続けていましたが，大学卒業後に専門職として就職することができたので，筆者との面接や投薬も中止しました。

　ところが，20代半ばから，職場で高い専門的業務が要求されるようになり，元々の感覚障害と社交不安から，抑うつ状態が顕著になり，再来院となりまし

た。そこで筆者との面接では，これまでの症状を振り返り，視覚的な敏感さ（特に，光過敏）への対応や生活全般での疲れの予防に取り組みながら，自立した女性になることへの強い憧れと（同じくらいの）不安を傾聴することで，少しずつ安定感も戻ってきました。ところが，20代の後半になり，心身の疲れだけでなく，疲れの回復度も遅くなってきたために，それまでの一人暮らしから自宅に戻り，非常勤として働く形態に変えました。

　その後しばらくは安定した生活を送っていましたが，30歳を過ぎた頃，親戚からも「結婚は？」と聞かれることが増えて，同時に結婚した姉が精神的に自立する姿を見るにつけて，本人も結婚すれば，「生まれ変わって，もっと仕事もできるようになるかもしれない」と自閉的ファンタジーから結婚願望も高くなりました。それでも，それまでデートや異性との付き合い（正確には，異性としての付き合い）を経験したことがなく，周囲の勧めもあり，「結婚相談所」に登録しました。

　その後，その相談所で出会った15歳年上の会社員と結婚する運びになりました。相手が長男だったこともあり，披露宴の準備だけでもかなり疲れたようでした。しかも，義理のお母様に慢性疾患があり，結婚前から家事や片付け（かなり，散らかっている家だったようです）を手伝っていましたが，嗅覚過敏も強い状態での家事や片付けは，大変だったようです。それでも，婚前から性交渉（初体験）もできて，披露宴も滞りなく行われました。

　しかし，結婚相手先の生活では，自分のペースを保つことが難しく，しかも仕事も同時にこなし続けるうちに，予想以上の疲れから抑うつ状態が再燃してきました。こうした状況で，ご主人との性生活の困難さが初めて語られました。具体的には，身体を触られることで極度に緊張感が高まること，性交では挿入される際の痛みが強く，余計に緊張感が強くなり，性生活が上手くいかないこと，姑からは「孫を早く」と言われることなどで，抑うつが強化されていたことがわかりました。しかも，その気持ちをご主人にどのように伝えればいいかわからずに，仕事で疲れているからと性生活を断っている状態です。

　以上の2事例からわかるように，高機能の発達障害の女性が結婚への願望とその実現に向かうことは至極当然だと考えています。具体的には，本人の願望，

相手側の理解（事例2では，発達障害があることを相手に結婚前に伝えています），本人の家族の理解，そして医療的・心理的・福祉的なサポート体制が可能であれば，筆者の場合は，結婚すること自体をサポートしています。

しかしながら，今回の事例のように「ファンタジーとしての結婚・性行為と現実とのギャップ」，「『結婚すること，できたこと＝女性として自他からの評価を得る』の破綻に伴う抑うつ症状」，「感覚過敏から来る性生活の困難さ」，そして「結婚相手にもどのように伝えたらいいかわからない孤独感」などの問題を早い段階から個々の特性に合わせて検討することが必要不可欠です。

同時に，こうした結婚以前から継続している潜在的な問題点が，結婚だけでなく，妊娠や出産など配偶者や周囲からの理解を必要とする女性特有のライフイベントで顕在化することは確かです。

5　結婚・妊娠・出産をめぐる課題②
——Long-Term Partnershipの視点から

時代の変化とともに，一般女性（定型発達）に見られる結婚や子育て観も変化しています。吉田（2018）は，「結婚と家族に関する国際比較調査」のデータ分析から，結婚の幸福度（「結婚生活について，個人がどのくらい満足できるものと感じているかを示すもの」と定義）を調査しています。その結果，「配偶者の合意の程度が高いほど，結婚の幸福度が高い」こと，「出生があると，フルタイム就業の女性で特に大きく幸福度が低下し，非就業の女性においても幸福度は低下する」ことを明らかにしています。同時に，「男性が育児などに参加し，主として女性が担っている育児コストを削減する必要性」を指摘していますが，この点は，岩田や福元らが指摘する発達障害者の場合，「配偶者（夫）からの育児に関する妊婦（妻）への精神的サポート」の重要性とも重なります。

そこで，結婚から出産に至った発達障害の女性の2事例を紹介するとともに，発達障害の女性にとっての結婚の意味をLong-Term Partnership（Hendrickx, 2008）の視点から検討してみます。

（1）事例3：出産後に離婚に至った事例（ヨウコさん）

ヨウコさんは，中学校（特別支援学級）から相談に来ていました。家族の障害

受容も安定して、ヨウコさんも軽度の知的能力障害（IQは60台）が認められますが、情緒的に安定しています。その後も、支援学校高等部を卒業して、食品加工の工場に就職できました。仕事では周囲の理解もあり、安定した働きぶりを見せて、余暇支援もスイミングの競技大会で上位に入るなど、生活全体のQOLが充実していました。

　20代後半に、時々利用する施設職員の男性（本人も発達障害特性をもつ）と懇意になり、両家の理解もあり、結婚することで合意しました。新居はヨウコさんの実家の近くに決めて、お互いの調子が悪い時には、いつでも実家で静養したり、食事がとれるように家族全体（特に、お母さん）のサポート体制が取りやすい環境に整備しました。家族計画では、2人で面接に来てもらって確認したところ、「子どもは1人欲しい」、「でも、（性交時は）避妊具は使っていない」状態がわかりました。両家ともに孫が生まれることに賛成していたこともあり、妊娠したことがわかるとすぐに、ヨウコさんのお母さんが（昔も今も）ヨウコさんのかかりつけの小児科の医師と相談して、ヨウコさん自身が出生した産婦人科に受診をしました。その産婦人科では状況を理解してもらい、出産まで同じ看護師が対応できるサポート体制を整備してくれました。

　こうしたサポート体制のもとで、元気な女の子が産まれました。母親となったヨウコさんは初めぎこちない抱っこでしたが、徐々に慣れてきて、たくましいお母さんに見えてきました。

　ところが、赤ちゃんが産まれて、ご主人の精神的な不安定さが強くなってきました。その背景には、赤ちゃんの不規則な睡眠で極度な睡眠不足になったこと、ヨウコさんが赤ちゃんの世話に追われ、自分自身が甘えることができなかったことが大きな要因だったようです。その結果、ヨウコさんが実家で休んでいた時に、ご主人がヨウコさん達を自分たちのアパートに強引に連れて帰ろうとして、大ケンカからヨウコさんがパニックになり、ご主人と顔を合わせることへの恐怖心が強くなってしまいました。

　その後、両家で話し合った結果、ヨウコさんと赤ちゃんが安定するまでは実家で過ごすこと、安定した後に離婚を協議する方向で、現在はヨウコさんと赤ちゃんは落ち着きを取り戻しています。なお、赤ちゃんは生後3か月から筆者が成長を確認していますが、現状では発達に遅れは見られません。

(2) 事例4：出産後も安定している事例（アツコさん）

　アツコさんは，正社員として勤務している会社（IT関係）の上司から，複数の指示を聞くことができない，書類をすぐになくすなど整理整頓ができないことから，発達障害を疑われて，産業医からの紹介で来院しました。精査の結果，ASDであることがわかりました。
　アツコさん自身は，几帳面な父親と母親の元で成長して，情報関係の大学に進学後は，一人暮らしを続けていました。大学では女性ただ1名の研究室にいても，気にすることなく，かえって女性同士に気を遣うよりも，男子学生の方が気楽に過ごすことができたと振り返っていました。
　心理検査の結果からは，うつ病発症のリスクが高い検査結果が出ました。しかし，現実には上述した問題は生じていましたが，自分のペースを維持しながら仕事を続ける一方で，週末は大学時代の仲間（男性）と一緒に過ごすといった余暇を上手に使うスキルを獲得していました。したがって，筆者との面接では，仕事での整理の方法，疲れのコントロール，生活上の工夫を一緒に考えることを中心に，自己理解の促進を目的とした面接を進めましたが，いつも素直に助言を受け止めて，対処スキルを身につけることができる高い柔軟性（IQは120台）があったことは確かです。
　その後，大学の仲間の一人の男性（多動タイプの活動的で明るい性格の会社員）と懇意になり，妊娠が判明した後に結婚を決めました。ところが，妊娠時も結婚の準備でも，アツコさんは自分自身の母親に依存することはなく，むしろ，とても母性的なご主人側の義理の母親に上手に依存していました。実際に，産休に入ってからも，ご主人の実家でお世話になり，先日無事に男の子を出産したと連絡が入りました。
　妊娠時に，ご主人と一緒に面接に来てもらった際には，いつもの伏し目がちな面接（強い視覚過敏があるため）でも，明るい表情で，2人でよくドライブに行くことやご主人がリードする形で生活は動いていますが，後片付けが苦手なご主人に代わって，家の中を整理する役割を担っている（本来は，アツコさんも苦手）ことを嬉しそうに報告してくれました。

以上の2事例からわかるように，妊娠時から出産後にかけて，母親としての安定感を維持するためには，どのような準備が必要かを考えてみましょう。
　Simone（2010/2011）は「他の人間の世話をする前に，もっと時間をかけて，まず自分自身を育てる必要があるかもしれません」と強調しています。つまり，「大人になった自分自身」を新たに「自己理解」することが重要です。その場合，「一人でなんでも頑張ること」の限界と同時に，「誰だったら，今後長い人生で自分のペースを理解してくれるだろうか」といった視点，つまりLong-Term Partnershipの視点が重要になってきます。配偶者を含めて長期にわたり相互依存的関係を維持できる対象の存在が重要であり，同時に，「大人になった自分自身」を，肯定的に受け入れる作業を継続的に維持できるようなLong-Term Partnership的な支援体制やカウンセリング機能が重要になってきます。その点からも，第8章で紹介する青年期以降の支援プログラムも，こうしたLong-Term Partnershipの視点から今後増々重要になってくると考えています。

6　発達障害の女性にとっての中年期以降の問題

　次に，発達障害の女性が中年期以降のそれぞれの年齢に適したQOLを維持するための重要な視点について，3つの側面から検討してみます。

（1）健康

　Simone（2010/2011）は，ASDの女性にとって，中年期以降の最大の問題の1つとして「健康」をあげています。WHOによる「健康」の概念であるICFモデルでは，「健康」を維持・促進させる環境要因として，「自己実現のために必要な，自発的に参加可能な色々な活動の機会」が，どの程度確保されているかが個々人のQOLにとって重要であることを示しています。その点から考えても，ここで指摘する「健康」の問題は，単に疾病だけでなく，生活環境そのものが広く影響する問題だと考えてください。
　そこで，「健康」について考えるヒントとして，ある事例を紹介します。

事例5：母子ともにASDの家族

　両親と1人っ子の3人家族。元々母親がうつ病で他の精神科を受診していましたが，息子が小学校高学年から不登校になり，筆者がいる相談機関に息子と来談しました。その結果，息子にASDと強い感覚過敏があることが判明して，その心理検査（WISC-Ⅳと感覚プロファイル）のフィードバックを筆者が行うと，母親自身が「私も同じです」と同じ検査を希望しました。そこで，検査を実施したところ，明らかに母子に同じような認知特性と感覚過敏が認められました。

　母親自身へのフィードバックを通して，今までは，母親自身の強い劣等感から，息子だけはなんとか学校で頑張ってもらいたかった願望があり，毎日のように「登校しなさい」とケンカになっていた状態から，自分と同じように無理がきかない，それに今無理をさせると，自分と同じようなうつ病になることにも気づくことができました。その結果，母親からの強い登校刺激がなくなることで，かえって登校する日数が増えてきました。

　しかも，母子が同じ感覚過敏の特徴だったので，息子が日頃行っている対処スキルを母親に教えてあげると，そこから母親自身の過敏さが軽減（もちろん，気分的な問題もありますが）するだけではなく，親子というよりも，友達同士のような関係性に変わり，今では仲良く相談に来てくれています。

　この事例でわかるように，最近は子どもの相談を契機に，中年期になって初めて自分の障害特性に気づく女性が多くなっています。その場合，本当に母親として今まで（不器用ながらも）精一杯やってきた労をねぎらってあげることは言うまでもないことです。しかし，それ以上に大切なことは，これからの生き方を支えてくれる「友達感覚」の新たなパートナーを見つけてあげることが大切です。

　その理由としては，女性がもつ身体感覚の問題は，中年期以降でもそんなに変化するものではないからです。それでいて，育児や家事，仕事などと疲れる要因が増えてくることは確かです。その疲れを予防するためには，筆者は「外付けハードディスク」と呼んでいますが，誰かから「疲れているよ」，「一日休んだ方がいいよ」と言ってくれる存在，しかも，自分の特性や身体の感覚を理解

してくれている存在（家族や友人，あるいは筆者のような専門家）がパートナーとして存在するかどうかが，「健康」の維持・促進には重要になってきます。

　裏返して考えると，まだまだ大きな社会問題となっていませんが，将来的に発達障害を抱える独身女性や離婚経験者が増加することは確かです。その場合に，こうした「健康」を支えるためのパートナー作りを促進する支援体制を検討することが重要になってきます。

（2）自分らしいジェンダー

　Simone（2010/2011）は，ジェンダーの問題に関して「『女性らしさ』はアスパーガールの目標には入っていません。女性らしく見えなくてもいい，異性に魅力的だと思われなくてもかまわないと言うアスパーガールはたくさんいるはずです。私たちは加齢に対して実際的な見方をします」と指摘しています。松浪・熊崎（2001）は，定型発達の女性の場合でも，中年期以降，「男性的役割と女性的役割の両方をもつことは急性の中年期危機を防衛」するためにも重要であることを指摘しています。

　確かに，筆者が相談を受けている50代の性的違和を抱えるMTFの場合でも，30代ではより女性らしい外見に捉われていましたが，50歳を過ぎた頃から，「私は，私だから」と服装も自分が一番落ち着く服装になり，化粧へのこだわりも見られなくなった事例を経験しています。

　また，「妊娠や出産を体験してみたかった」と，あたかも結婚を実験的な試みの1つに過ぎないかのように言っていた女性ASDの面接では，2人の子育て（ともにASD）に過集中するあまり，抑うつ状態が強くなり，受診する過程で初めて自分自身がASDであることが判明しました。その後，母親というよりも，元々知的水準が高く，大学院を出ていたこともあり，筆者の指示で，「勉強の時は，家庭教師の役割」，「お母さんというよりも，ASDの仲間」として，母親らしく情緒的に関わろうと無理をするのではなく，子ども達の成長の観察者の役割を明確にすることで，母子3人が同時にパニックになることが減少した事例も経験しています。

　別の視点として，Nichols & Byers（2016）は，45歳以降の大人の独身ASDに見られるSexual Well-being（性的満足感）と対人関係に関して報告していま

す。また、この調査は21歳以上で調査した報告の一部でもあり、その21歳以上との比較（Byers et al., 2013）では、ASDの女性の場合、年齢とともに「性に関する不安」「性に関する困り感」は高くなり、「性的興奮」「自慰行為への願望」「性交への願望」「自慰行為の頻度」「性に関する肯定的な考え方」は低くなる結果になっています。

　この結果からわかるように、45歳以降では、性交や自慰行為といった性行動よりも、女性というジェンダーをどのようにWell-being（安寧）に生きるかに葛藤するために、先に述べたLong-Term Partnershipを含めた家族や周囲とのコミュニケーション上の問題が生じやすいことがわかります。そのため、Simone（2010/2011）やAttwood（2007）が指摘するように、中年期以降からの受診やカウンセリング的対応が重要になってくることも理解できます。

　わが国の場合は、特に母性原理を強く要求されることが多く、発達障害の女性が「母親として生きる」苦悩が強いことは、多くの事例からも理解できます。それだけに、第1章で述べたように、個々のStrength（強み）を生かした個「性」を、この中年期以降からGender Creativeしながら、「自分らしい」ジェンダーで、周囲とのコミュニケーションを維持することができるか、さらに言えば、Simone（2010/2011）が指摘するように、「普通のふりをするのは、もううんざりだと思うのです」と率直に表現できるコミュニティーを見つけることが重要です。その意味からも、第1章で紹介したSecond life（池上，2017）に代表されるアバターサイトといった仮想空間を活用することも重要になってくるでしょう。

（3）住居環境

　Princeら（2016）は、中高年以降のASD者にとって「住居は、車輪の中軸（The Hub of The Wheel）」であり、「ASDの加齢に伴い、支援ニーズも変化する。どのように設計され、年齢に適した住居が、高齢者にとってのQOLに効果的であるか調査する必要がある」（筆者訳）と指摘しています。わが国では、NPO法人「PDDサポートセンター　グリーンフォーレスト」が、「生活アセスメント付き住居でのひとり暮らし支援事業」として、発達障害者の生活支援において3つの視点、「生活のしやすさ」、「生活の豊かさ」、そして「社会との繋が

表5-1 質問10：継続居住に問題や課題があるとしたら何か

☆バリアフリーに関して
・階段がある。
・通路が狭い。
・車いす生活になった時にお風呂に入りにくい。

☆個室がないことに関して
・個別ケアが必要になった時の応対に限りがあること。
・自分ひとりの自由時間がない。

☆医療に関して
・施設では医療行為が行えないこと。
・慢性的な疾患等により，常時医療ケアが必要になった場合，人工透析など。

☆施設及び支援者に関して
・施設の方針。
・施設の老朽化。
・運営法人の体制整備や職員の安定配置など。
・高齢に伴う病気　症状にスタッフがどう対応できるか　介護技術が必要となる。
・もとが知的障害者更生施設のため，設備が不十分。また，高齢者介護の技術や知識があるものが少ない。

☆家族と同居中の課題
・兄の家族と同居生活が継続可能か不明。
・親亡き後の生活全般を見守る役をしてくれる人が確保できるかどうか。

☆その他
・不動産税等。

り」の重要性を指摘しています（NPO法人PDDサポートセンター グリーンフォレスト，2011）。

実際に，一般社団法人日本自閉症協会高齢期対策検討委員会報告（2017）では，50歳以上の自閉症者を対象（159名，うち女性は21%）にした調査結果（主に，家族や支援者が回答）として，住まいに関しては，表5-1，5-2，5-3に示し

表5-2　65歳を超えて住まいを変える際に困ること・心配なこと

☆**本人に関して**
・本人の新しい場所に対しての適応性。
・環境に敏感なこと。対人関係，生活の変化。
・新しく一緒に暮らす方とのトラブル。
・長年住んでいるので住み替える際，本人が納得できるかどうか心配である。
・長年慣れたところからの移転は無理と思う。

☆**支援者に関して**
・本人の情報がしっかり引き継がれるか。
・支援の対応。
・当人をよく理解してくださっている職員さん方と遠くなるそれに伴うパニック。

☆**その他**
・金銭的な問題。

表5-3　その他住まいに関して困ること・心配なこと

☆**地域とのかかわりに関して**
・地域が変わるので適応が心配。
・大きな声を出すので近隣に迷惑をかける。

☆**加齢に関して**
・認知症等で集団生活ができなくなる時の対応など。
・介護度が高くなった時，タイミングよく介護保険施設に入れるかわからない。

た回答（ここでは，回答内容を一部抜粋して引用しています）となっています。対象となる自閉症者の多くが知的障害を併存して，施設入所のため，高機能（知的な遅れを伴わない）であったり，女性特有の課題とは多少異なるかもしれませんが，ここに引用させてもらった内容は，けっして他人事として看過することはできない内容です。

実際に，30歳以降の女性ASDとその家族の葛藤の2事例を紹介します。

事例6：金銭管理から自立できない女性ASD（アカリさん）

　アカリさんは40歳代前半です。大学卒業後に受診して，高機能ASDとADHDの診断が判明しました。生育歴では，すべての問題を困らないように先回りする母親との生活の元，高校までは大きな問題なく過ごしていました。大学からは一人暮らしを始めましたが，片付けができない，携帯を手から離すことができないなどのトラブルが生じましたが，大学の先生や母親の支援により，なんとか卒業することはできました。ところが，仲の良い友達に誘われて，買い物依存が強くなり，卒業時点では，かなりのローンがあることもわかりました。その返済も母親が完済しましたが，さすがに疲れた様子で，クリニックに来院して，診断が判明した経緯です。心理検査でも，視覚情報への過敏さだけでなく，ワーキングメモリーが極端に低い特性のため，投薬とともに精神障害者保健福祉手帳を取得することで，障害者枠で就労することができました。

　ところが，職場でも，「かわいいね」や「この服似合うね，どこで買ったの？高かったでしょう？」などとおだてる同僚がいて，つい本音を言ってしまうために，結果的に数10万円をだまされる事件（借用書などなく，発覚後にその同僚は職場を離れたため，返済してもらえませんでした）がありました。こうした対人トラブルのリスクが高いため，金銭管理は母親に任せましたが，こっそりとお金を渡していたことが判明しました。現在は長男にお願いして，金銭管理をしてもらっています。その長男も現在は独身ですが，結婚する予定もあるために，住居環境をどうするか検討しないといけない段階に来ています。

事例7：50歳を迎えたうつ病を抱える女性ASD（ユキコさん）とその母親

　ユキコさんは，高校中退後長年にわたるうつ病から引きこもりとなり，やっと外出できるようになり，ヘルパーと一緒に通院している親子です。合わせて，睡眠障害（過眠症）から，生活リズムでは36時間周期が続き，母親もその時間リズムに付き合っていたために，来院もタイミングが合った時にだけ来ることができていました。70代の母親も，「まだまだ元気ですから」と言っていましたが，ユキコさんの更年期障害の症状が強くなり，生活上のこだわりだけでなく，母親への暴言が増えてきました。そんな状況でも，調子がいい時に母親に見せる優しさに，施設に入れる気持ちが揺らぐ日々を過ごしていました。結果的に

は，母親に認知症が認められ，ヘルパーが訪問するごとに「ごみ屋敷」化し始めたために，施設入所になりましたが，ユキコさんの睡眠障害は改善せず，他の利用者さんとのトラブルはなかなか解消しません。また，母親もユキコさんと離れたことがきっかけになり，認知症の症状が進んでいます。

　以上の2事例のように，家族と同居できる環境の場合は，まだ外部との繋がりも維持できますが，津谷ら（2018）が指摘しているように，「少子高齢化時代の女性と家族」のあり方として，従来からの家族との同居から一人暮らしへの傾向が高くなる時代を迎えるにあたり，老後の住居環境の整備をどうするかを検討することは急務です。

　行政としても，国土交通省が，こうした「住宅確保要配慮者」である「高齢者・低所得者・子育て世帯・障害者・被災者等」を対象にした賃貸住宅の供給の促進を図る新たな法律の策定を決めています（2017）。そのガイドブックでは，平成27年度調査（公益法人日本賃貸住宅管理協会）で，「入居に拒否感がある賃貸人の割合」として「障害者のいる世帯」では74.2％と高いことがわかっています。その理由の1つとして，「他の入居者・近隣住民との協調性に対する不安」が56.9％となっています（安心居住政策研究会，2016）。

　こうした対策の裏に潜んでいる，地域社会そのものの閉鎖性が解決されない限りは，障害者が障害者らしく生活することの困難さは減少していかないはずです。特に，発達障害の女性の場合，安定した経済基盤をどのように維持するかだけでなく，地域生活での安全性が十分に担保されなければ，本当の意味で安心できる生活環境とは言えません。

　正直言って，この住居環境の問題に関して，適切に解答できるだけの事例を見ていません。しかしながら，こうした問題が，より現実性を帯び始めていることだけは確かであり，問題提議としても，今回紹介した次第です。

7　まとめにかえて

　先ほど紹介した日本自閉症協会の調査の最後に，次のような回答が掲載されています。「自閉症の人が高齢期になるとどのような暮らしになるのかイメージ

できていない」,「身体的変化がイメージできない」。つまり,中年期以降になっても,想像性の障害が大きく影響しているのです。

　われわれの実感としても,加齢に伴い,長年にわたる親しい人たちとの人間関係が安定してくる実感はあります。ところが,想像性の障害としてのこだわりの強さや将来を予測するといった文脈理解の障害は改善されにくいのは事実です。それだけに,経済的な問題も含めた中年期以降の諸問題に対して,早い段階から周囲の家族や支援者が対応を検討する必要性が高いことは確かです。

【文　献】

安心居住政策研究会．(2016)．住宅確保要配慮者の居住支援の充実に向けたガイドブック．
　　http://www.mlit.go.jp/common/001124558.pdf
APA. (2013). Diagnostic and statistical manual of mental disorders, the 5th edition: DSM-5. Washington, DC: American Psychiatric Publishing. 日本精神神経学会．(2014)．DSM-5：精神疾患の診断・統計マニュアル．東京：医学書院．
朝倉聡．(2012)．自閉症スペクトラムと社会不安障害．児童精神医学とその近接領域，53 (4), 96-101.
朝倉聡．(2015)．社交不安症の診断と評価．不安症研究，7 (1), 4-17.
Attwood T. (2007). The Complete Guide to Asperger Syndrome. Jessica Kingsley Publisher.
Byers ES, Nichols S, Voyer SD. (2013). Challenging Stereotypes: Sexual Functioning of Single Adults with High Functioning Autism Spectrum Disorder. Journal of Autism and Developmental Disorder, 43, 2617-2627.
傳田健三．(2017)．自閉スペクトラム症（ASD）の特性理解（特集：心身医学の臨床における発達障害特性の理解）．心身医学，57 (1), 19-26.
福元崇真・乾明夫・田中洋・野添新一．(2016)．妊娠後期の精神的サポート及び出産後1年半の母親の育児ストレスと児童が抱える発達障害様相との関連性．女性心身医学，20 (3), 308-315.
端詰勝敬・岩崎愛・小田原幸・天野雄一・坪井康次．(2012)．摂食障害と自閉性スペクトラムの関連に関する検討．心身医学，52 (4), 303-308.
Hendrickx S. (2008). Love, Sex & Long-Term Relationships: What People with Asperger Syndrome Really Really Want. Jessica Kingsley Publisher.
一般社団法人日本自閉症協会高齢期対策検討委員会．(2017)．高齢期の自閉症スペクトラム障害者に関するアンケート調査結果報告書．
池上英子．(2017)．ハイパーワールド：共感しあう自閉症アバターたち．NTT出版．
岩崎千亜紀．(2015)．高機能自閉症スペクトラム障害（ASD）圏の母親の子育てにおける困難とニーズ：当事者に対する質的研究に基づく分析．社会福祉学，56 (3), 44-57.
神尾陽子（研究代表者）．(2010)．ライフステージに応じた広汎性発達障害者に対する支援

のための手引き．平成19-21年度厚生労働科学研究費補助金（障害福祉総合研究事業）．国立精神・神経センター精神保健研究所発行．

Kanner L. (1971). Follow-up Study of Eleven Autistic Children Originally Reported in 1943. Journal of Autism and Childhood Schizophrenia,1,2,119-145.

笠原麻里．（2009）．広汎性発達障害の女性における妊娠・出産・育児．精神科治療学，24 (10)，65-69．

Kent R, Simonoff E. (2017). Prevalence of Anxiety in Autism Spectrum Disorders. Kerns CM, Renno P, Storch EA, Kendall PC & Wood JJ (Eds) (2017) Anxiety in Children and Adolescents with Autism Spectrum Disorder; Evidence-Based Assessment and Treatment. 5-32. Academic Press.

北口伸江・西田智美・田頭真智子．（2011）．広汎性発達障害をもつ産後うつ病の患者への看護－スケジュール表を用い見通しを立てながら入院生活を整えた事例．第36回日本精神科看護学会発表抄録集，292-293．

国土交通省．（2017）．Press Release「住宅確保要配慮者に対する賃貸住宅の供給の促進に関する法律の一部を改正する法律案」を閣議決定．http://www.mlit.go.jp/report/press/house07_hh_000165.html

Maddox BB, White SW. (2015). Comorbid Social Anxiety Disorder in Adults with Autism Spectrum Disorder. Journal of Autism and Developmental Disorder, 45, 3949-3960.

松浪克文・熊崎努．（2001）．現在の中年像．精神療法，27（2），108-117．

松岡美樹子・原島沙季・米田良・柴山修・大谷真・堀江武・山家典子・樞野真美・瀧本禎之・吉内一浩．（2016）．知能検査の施行が治療方針変更に有用であった神経性過食症患者の1例．心身医学，56（1），52-57．

光武智美・吉村匠平・森田慶子．（2016）．発達障害児・者の家庭での性教育の必要性に関する研究．学校保健研究，58，168-179．

Nichols S, Byers ES. (2016). Sexual Well-Being and Relationships in Adults with Auitm Spectrum Disorder. Wright SD (Ed) (2016) Autism Spectrum Disorder in Mid and Later Life. 248-262.

NPO法人　PDDサポートセンター　グリーンフォーレスト．（2011）．生活アセスメント付き住居でのひとり暮らし支援事業～サポートホーム事業～．平成22年度4月～平成23年度3月横浜市発達障害支援開発事業報告書．

岡本百合・三宅典恵・永澤一恵．（2017）．思春期青年期の自閉症スペクトラム（特集：心身医学の臨床における発達障害特性の理解）．心身医学，57（1），44-50．

奥平祐子．（2008）．摂食障害における自閉性傾向の検討－自閉性スペクトラム指数（AQ）を用いた調査から．心身医学，48（5），339-348．

Prince GA, Kameka D, prince J. (2016). Housing is The Hub of The Wheel. Wright SD (Ed) (2016) Autism Spectrum Disorder in Mid and Later Life. 297-311.

澤原光彦・村上伸治・青木省三．（2017）．成人の精神医学的諸問題の背景にある発達障害特性．思春期青年期の自閉症スペクトラム（特集：心身医学の臨床における発達障害特性の理解）．心身医学，57（1），51-58．

Simone R. (2010). Aspergirls: Empowering Females with Asperger Syndrome．牧野恵訳（2011）アスパーガール：アスペルガーの女性に力を．スペクトラム出版．

砂川芽吹．（2015）．自閉症スペクトラム障害の女性は診断に至るまでにどのように生きてきたのか：障害を見えにくくする要因と適応過程に焦点を当てて．発達心理学研究．26 (2)，87-97．

髙宮靜男．（2011）．摂食障害と発達障害（シンポジウム：摂食障害と併存する精神神経疾患）．心身医学，51（7），629-634．

津谷典子・阿藤誠・西岡八郎・福田亘孝編．（2018）．少子高齢化時代の女性と家族・パネルデータから分かる日本のジェンダーと親子関係の変容．慶應義塾大学出版会．

Wright SD (Ed). (2016). Autism Spectrum Disorder in Mid and Later Life. Jessica Kingsley Publisher.

矢田（橋本）奈美子・甲村弘子・川口晴菜・清水彰子・光田信明・倉智博久．（2017）．知的障害または発達障害を伴う女児および若年女性の月経異常等に関する検討．産婦の進歩，69（3），245-252．

吉田千鶴．（2018）．結婚の幸福度と子ども．津谷典子・阿藤誠・西岡八郎・福田亘孝編（2018）少子高齢化時代の女性と家族：パネルデータから分かる日本のジェンダーと親子関係の変容．pp.155-184．慶應義塾大学出版会．

第6章 当事者・家族の声

1 当事者の立場から

綿貫愛子

 はじめに

筆者は，ASDとADHD，LDのある発達障害の成人当事者です。大学生のとき，ASDのある子どもの支援に携わったことで自分自身の発達障害特性に気づいて，教育機関で上記の判定を得ました。現在は心理職として，小学校や特別支援学校で巡回相談をしながら，第8章[2]で紹介されている，世田谷区受託事業「みつけばルーム」ではコーディネーターを務めています。また，ライフワークとして，当事者の視点から子どもの学習や余暇を支援し，ASDの楽しさを発信するような啓発活動を行っています。

本稿では，"女性らしく"というよりは，"自分らしく"生きてきた自分自身の体験を振り返り，その戦いの末に導き出した，本人の興味関心を育てることと心身の健康を優先することの大切さについて述べます。拙筆が発達障害のある女性の理解に役立ち，その支援を充実させる一助になれば幸いです。

 遊びと友だち

小さい頃の筆者は，知的好奇心が旺盛で，興味をもった物事に時間を忘れて没頭していました。砂や水の美しさを目と手で繰り返し確かめたり，きのこやミイラ，鉱物の素敵さに魅了されたり，司馬遼太郎や池波正太郎の小説を愛読

したり，宇宙開発と人類の歴史について考察したりして，毎日が楽しく，ハッピーでした。これらの興味の対象を同級生と共有することは難しく，また筆者も同級生が話す人間関係や集団での遊びに全く関心がなかったので，いつも一人遊びでした。図6-1-1は，筆者の自室にいる大切な友だちのイメージです。

　幼児期，同年齢の女の子はごっこ遊びや人形遊びを好み，複数人で集まって遊んでいたようですが，筆者にはそういった思い出があまりありません。おもちゃの形や仕組みを一人で観察するのは好きでしたが，それを使ってストーリーのある遊びをしよう，遊びを誰かと共有しようという発想自体をそもそも持っていませんでした。筆者のなかで，ストーリーのある遊びに近いのは，学童期によく行っていた再現遊びですが，これは筆者が経験した学校や図書館，お店などの環境を自宅に可能な限り再現するというもので，自分が満たされる思いがあり楽しかったですが，他者の自由な振る舞いを認めないそれは，まだ自分一人の世界の遊びであったように思われます。

　思春期以降には，他者がいることに気づき，その実感を持ち始めましたが，依然として交流したい動機は高くありませんでした。この頃，筆者にとって幸いだったのは，人の心の機微に疎かったことです。上記のような嗜好を持ち，ふざけることができず，協調性のない筆者がいじめの対象になるのは容易で，

図6-1-1　筆者の友だち

「変人」「マニアック」「こわい」「気持ち悪い」と言われ，無視され，仲間外れにされましたが，当人はどこ吹く風でした。特に女の子が好む陰湿ないじめは，様々な意図が含まれ複雑怪奇で，それは当時の筆者には思いつかないものばかりで，皮肉も素直に受け取っていました。筆者の心の安穏には，心の理論の欠如は必要なことでした。もちろん，筆者のこだわりや思いやりのなさが他者を不快にさせたり，傷つけたりしたであろうことも現在ではよくわかっていて，被害者であることを強調するつもりはありません。折角の機会なので，ここに筆者が体験した女の子グループによるいじめのエピソードを1つ書きます。筆者にしては，珍しく困ったエピソードです。

　小学4年生のとき，学校のバザーで計画的に仲間外れにされたことがありました。バザーの一週間前，同じクラスの女の子5，6名から一緒に行こうと誘われ約束し，事前購入のチケットを母親にお願いしました。母親は「よかったわね。楽しみね」と言って，喜んでいました。しかし，前日の夜，グループの女の子から「やっぱり一緒に行けない」「あなたに来てほしくない人がいる」という電話があり，約束は反故となったのです。その後，幾度となく同じグループから似たような嫌がらせを受けたこともあって，このバザーの一件は計画的なものであったと推理しています。このときの筆者が一番に思ったことは，「チケット，どうしよう」「母親に申し訳ない」という気持ちでした。担任教諭の「友だちと一緒に楽しみましょう」という呼びかけから，一人で行くという考えに思い至らなかった筆者は，前日の夜に別の誰かを探すこともできず，結局行かないという選択しか思いつきませんでした。当日になって母親に事情を話し，行かないことを伝えると，PTAで手伝いに出てしまう母親に代わって，父親が「じゃあ，出かけよう」と言い，遊びと食事に連れ出してくれました。

　筆者は，学校コミュニティには居場所を得ることができませんでしたが，図6-1-1にあるような興味の友だちのおかげで，学童期より地域には安心安全で，自分らしくいられる基地がありました。それは，博物館や美術館，そして図書館で，展示物や本はいつもよい友だちでした。また，学芸員や司書の方は，学校で教員から「教科書に載っていないことは話さなくていい」と言われ，半ば無視されていた筆者の取り留めない話を熱心に聞いてくれただけでなく，いろいろな知識や考え方を教えてくれました。現在，筆者が発達障害のある若者の余

暇をサポートすることに意義を見出し，世田谷区受託事業「みつけばルーム」に勤めているのは，この頃の経験も大きいことは確かです。

　一般的に，子どもは遊びを通して他者と交流し，日常のなかで社会性やコミュニケーションを発達させていきますが，筆者にとっては特に図6-1-2のようなプロセスが大切だったと思います。自分に好きなものがあり，それを表現し認められる経験があって初めて他者や集団への関心が生まれ，コミュニケーションに工夫が生じ，社会性が育っていきます。モチベーションに支えられたコミュニケーションや社会性でなければ，自分のものとして使いこなすことは難しいことをたくさん経験しました。特に女の子社会のなかで，対人交流からそれを構築しようとするのは，筆者の経験からはとても苦しいことです。

　冒頭で述べたような感覚や記憶，知識の遊びは，単にASDの特徴と捉えられ，ときに社会性の学習の障壁と見られてしまいますが，本人にとっては心が充実する本当に楽しい活動で，無理なく人間や社会と繋がり，活動に参加することができる大きな可能性を有しています。これからの発達障害児者への支援では，コミュニケーションや社会性を扱う前に，もっと本人の興味関心や遊びを大切にして，育てていく流れができるといいなあと思います。

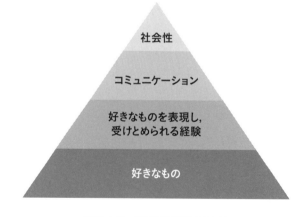

図6-1-2　筆者の発達プロセス

表6-1-1　筆者の既往歴および現病歴

消化器疾患	・食道裂孔ヘルニア ・逆流性食道炎 ★胃潰瘍 ・胆石症 ・過敏性腸症候群	自己免疫疾患 （合併症）	・潰瘍性大腸炎 ・強直性脊椎炎
アレルギー疾患	・アトピー性皮膚炎 ・アレルギー性鼻炎 ・気管支喘息 ・じんましん	その他	★熱性けいれん ・自律神経失調症 ・月経前症候群

注：★は既往歴

　こころとからだの相関関係

　筆者には，表6-1-1のような既往歴と現病歴があります。これらが発達障害に関係するかどうかを断言することは難しいのですが，消化器疾患やアレルギー疾患，自律神経失調症などは発達障害児者によく報告される身体的な合併症です。

　筆者が初めて胃腸の不調を自覚したのは，学童期でした。幼児期から口角がよく切れていることを母親や医師から指摘され，ストレスによる胃炎や偏食によるビタミンB不足を疑われていましたが，小学3年生の頃，腹痛と下痢，頻尿から45分間の授業中に3回以上トイレに立つことが続き，不調は顕著になりました。担任教諭から「授業をサボっているのか，何か病気なのかをはっきりさせてほしい」と連絡帳に書かれたことを契機に母親と一緒に内科を受診すると，過敏性腸症候群と自律神経失調症と診断されました。過敏性腸症候群のほうは，筆者にとってストレスが少ない家庭ではそれほど症状が現れていなかったので，両親は気づいていませんでした。両疾患には特別な治療法はなく根治することはありませんが，担任教諭に一応の説明ができたことで安心しました。

　本書のテーマである女性に沿って，月経前症候群にも触れておきます。筆者が月経による行動制限を感じるようになったのは，中学生の頃でした。症状は，頭痛や下腹痛，腰痛，乳房痛，肌荒れ，便秘，下痢，眠気，食欲亢進があり，鎮

痛剤を服薬しないと座位が保てません。学生時代は，婦人科や内科を受診し，消炎鎮痛剤（痛み止め）や漢方などの処方薬をよく飲んでいましたが，最近では後述する潰瘍性大腸炎のために消炎鎮痛剤を控えるようになり，低用量ピルを服用しています。薬以外の対処法としては，身体を温めると痛みや怠さの症状が軽減するので，長い時間半身浴をしたり，使い捨てカイロを腹部と背部に貼ったり，好きなデカフェ（低カフェイン）紅茶を飲んだりして過ごしています。ちなみに，筆者には月経前不快気分障害は見られません。

　過敏性腸症候群や月経前症候群に限らず，表6-1-1にある身体疾患の多くは心身症です。発達障害の二次障害として，抑うつや不安障害などの精神疾患がよく話題になりますが，身体疾患の発症も少なくありません。精神疾患のない筆者にとって最も大きな二次障害は身体の自己免疫疾患です。

　大学院修了後，筆者はスクールカウンセラーとして学校に勤務しましたが，業務内容と自分自身の特性のミスマッチ，人間関係の難しさ，能力の未熟さから自己免疫疾患を発症しました。毎日のように頭痛や中途覚醒があり，じんましんや結節性紅斑が見られるようになり，そのうち下血するようになりました。症状の深刻さを自覚したのは，消化器内科の主治医から「潰瘍性大腸炎で入院が必要かもしれない」と言われてからで，それまでは「なんとか仕事に行かなければならない」という思考に囚われ，休職や辞職の選択肢は全く思いつかなかったのは確かです。離職後，症状は次第に落ち着き，現在はそれほど制限がありません。いまは潰瘍性大腸炎よりも，それに合併する強直性脊椎炎の痛みに悩んでいます。潰瘍性大腸炎も強直性脊椎炎も国の指定難病で，生涯に渡り付き合っていかなければならない持病です。

　筆者がここまで心身症を多発し，悪化させてしまった背景には，自分自身のアレキシサイミア（失感情症）傾向とアレキソミア（失体感症）傾向があるのではないかと推測しています。失感情症とは，自分の感情を認識しことばに表すことの難しさ，失体感症とは，より低次の情動や身体感覚に気づくことに難しさのある性格特性を示しています。これらの傾向がある人は自らの感情を認識することの難しさから，本来気づきとことばによって発散されるはずのストレスが，身体の症状として表現される（身体化する）ようになり，心身症に繋がっていくと言われています（Taylor, 2010）。アレキシサイミア傾向は心身症患者

によく見られますが，ASDとの関連も指摘されています（福島・高須，2012，Hill et al., 2004）。

　筆者は快か不快か以上の細かい感情の違いがわかりにくく，また，それをことばで表現することも難しいところがあります。子ども時代の作文は，事実の羅列で，文末はすべて「楽しかったです」で終わっていました。前に述べたように，いじめに対して鈍感であったことが自分の心を守るためには役立ちましたが，鈍感すぎると代わりに身体が気持ちを主張するようになり，うまくいかないことは確かでした。適度に自分のことに気づき・気づかず，ときどき自分の感情を見つけて，ことばにしてみるのがよいかもしれません。

　発達障害，特にASDでは，自分の疲れや痛みなどの身体状態に気づきにくく，また，自分の感情を認識しことばにすることが難しいので，ヘルプを出しにくいところがあります。そして，身体感覚や感情機能の働きにくさによってうまく処理されなかったストレスは，身体の不調として現れ，心身症へと発展しやすくなります。個人差はありますが，筆者はこの傾向が強く，身体疾患を繰り返して増悪してしまいました。

　教育現場で，学校コミュニティや社会的価値に適応しようとがんばり過ぎて，疲れている発達障害児者によく出会います。誰しもに努力しなければならない物事や戦わなければならない機会はありますが，生涯にわたる健康を損なってまで心と身体の無理をする必要はありません。今後は，心身の健康を大事に考え，本人の思考や行動のデザインに無理のない発達障害支援の視点がなおいっそう広まっていくことを期待しています。

 おわりに

　本稿の依頼を受けたとき，筆者には，女性の発達障害を体験的に語ることは難しいかもしれないという不安がありました。それは，筆者のなかに自分らしさのイメージはあっても，女性らしさのイメージがまるでなかったからです。女の子社会や男女交際を経験してこなかった筆者には，自分事として女性性を扱うことが難しく，「自分が好きなものの話なら，いくらでも語るのになあ」とため息をついたとき，これこそが女の子・女性の発達障害には重要な観点なの

かもしれないと悟りました。

　昨今はLGBT運動もあり，性の多様性が社会に広まりつつありますが，女性はこういうもの，男性はこういうものというジェンダーイメージはまだまだ存在しています。もし筆者が女の子らしさや女性らしさを求められたなら，図6-1-1のようなかわいくてかっこいい素敵な友だちができなかっただけでなく，女の子社会のなかでもっと辛い思いを重ね，世界は狭く，苦しいものだったかもしれません。

　筆者がこれまで自分らしさを大切に生きて来られたのは，ひとえにいつもニコニコ笑って「かわいい」「おもしろい」と喜んでくれた，両親や恩師のおかげです。誰か一人でも自分の思考や経験を肯定し応援してくれるなら，きっと自分らしくあることができます。発達障害の方には，ぜひ自分が好きなものや嫌いなもの，自分が何をしたいのか，したくないのかというような自分らしさを大切にしながら，ハッピーにヘルシーに社会参加してほしいと考えています。そして，家族や支援者の方には，本人らしさを尊重していただき，一緒に楽しんで育んであげてください。筆者もそのお手伝いができるように，これからもハッピーにヘルシーに教育や福祉の現場で尽力していきます。

【文献】

福島裕人・高須彩加．（2012）．大学生のアレキシサイミアと愛着スタイル及び自閉傾向との関連 東海学院大学紀要，5，121-128.

Hill, E. L., Berthoz, S. & Frith, U. (2004). Brief report: cognitive processing of own emotions in individuals with autistic spectrum disorder and in their relatives. Journal of Autism and Developmental Disorders 34 (2), 229-235.

Taylor, G. J. (2010). Affects, trauma, and mechanisms of symptom formation: a tribute to John C. Nemiah, MD (1918-2009). Psychother Psychosom, 79 (6), 339-349.

2 親の立場から
—— 寛子と私の成長日記

永山恵美子・木谷秀勝

1 プロローグ：17年前の私へ

　寛子は今19歳です。某国立大学工学部2年生です。キャンパス内の女子寮で一人暮らしをしています。
　大学入試の際には一般学生の出願手続きに加えて，まずセンター試験出願前に特別措置申請手続きがあり，センター試験受験前には願書出願予定大学の学部毎に「受験特別措置事前相談書」を提出しました。発達障害者にこれほどまでの配慮をしてもらえる世の中になったことをその時に初めて実感しました。また，入学式の前の週に寛子と父親が大学での就学前相談に出向き，大学の受け入れ体制の素晴らしさに驚き，新たな大学生活への期待が不安に勝る状況で入学式を迎えることができました。
　入学時より特別支援は始動し，オリエンテーションや宿泊研修も安心して参加できたうえ，その様子を詳細に担当の先生からご報告いただき，本当に有難かった思いでいっぱいでした。初めて幼稚園に送り出した時と比べても，更にきめ細やかなご報告をいただいたような気がしました。
　1年生では，自宅から2時間の通学を続けながら，数々の失敗をしつつも，周囲の先生方，職員方，同級生の応援を受けて，懸命に頑張って無事終了しました。2年生からは新たな一人暮らしが始まりました。
　そして，最も『私』に教えてあげたいことはというと……ついに大学で，これから先の寛子の人生を変えると言っても過言でない程の先生との出会いが待っていたということです。これまで，就園前・幼稚園・小中学校・高等学校と尽きることなく素晴らしい先生方との出会いがあった寛子。それだけでも本当に幸福な子でしたが，もし，これらのことを17年前の『私』が知っていたら，その時どんなに元気づけられたことか。

2　17年間の寛子と私の成長

　寛子は2人姉妹の次女として産まれました。2歳前に小児神経科を受診して，自閉傾向と言われました。当時の特徴は，視覚優位でじっとするのが苦手，視線が合いにくい，要求はクレーンが中心でした。手や足，水の音への感覚過敏があり，周囲との関わりは苦手でした。

　あの頃の『私』は，寛子の将来の姿を寝ても覚めても追い求めていました。小児神経科医の先生，臨床心理士の先生，保健師さん，専門家の誰かに，「お母さん大丈夫ですよ。寛子ちゃんは近いうちに必ずおしゃべりをするようになりますよ」というアドバイスをひたすら期待していました。だけど，誰にも言って貰えないまま，「もし寛子がこのままずっと話すことができなかったら，どんな一生を過ごすのだろう。私たち家族はどうなるのだろう」に始まり，姉はどうなるのだろう。親がいなくなった後は姉が寛子の面倒を見ないといけないのだろうか，と抜け出すことのできない不安の渦の中で日々を過ごしていました。

　発達相談に行くと必ずと言っていい程，「寛ちゃん，寛ちゃん」と優しく声を掛けて下さる，その声を聞く度にその頃の私は，その言葉掛けが，わが子への憐れみとしかとれず，心の中で，憤慨していたのは確かです。それ程，『私』は自分を不幸の中に押し込め，周囲の厚意に対して偏屈な捉え方をしていました。

　そしてこともあろうか，寛子がもし今，不可抗力で，その短い生涯を不幸にして終えてしまったとしたら，もしかしたら，今の答えの出ない苦しみは終わるかもしれないとまで，感じ始めていました。飽くまで空想しただけであることは言うまでもありませんが。

　ところが，ふとした瞬間に，真っ暗闇の世界に一筋の光がうっすらと射したのです。「未来のことは分からない。寛子の持てる能力も2歳や3歳で分かるはずもない。それなのに，私はこれまで寛子は十中八九能力が開花せず，つらい人生を送るだろうとばかり考えていた。逆に寛子には豊かな才能があり，これから開花する可能性を十分に持ち合わせていたとしたら，その可能性を不可抗力で奪ってしまったら大変なことになる」と気がついたのです。これまでの発想の裏返し。そうだ，それなら寛子の持ち合わせた才能が開花するように親として精一杯の努力をしよう。その瞬間が寛子の母親としての転機でした。

3歳になったばかりの4月から，障害児通園施設に通い始めました。5か月間通園した後，姉の通う幼稚園に，運動会が終わった10月から入園できました。
　その幼稚園では，毎日出席したら連絡帳のカレンダーにシールが貼ってもらえました。そこで，毎朝カレンダーのページを開いて，指差しながら「今日はここにシールを貼ってもらおうね。」と送り出していました。幼稚園から帰ってきたら，やはり指差しながら「今日はここにシールを貼ってもらったね」「明日はここに貼ってもらおうね」と親子でやっているうちに，寛子は過去・現在・未来形を何となく認識していきました。同時に，夕方6時からNHKのBSで衛星アニメ劇場を毎日見ていたので，曜日ごとにアニメの番組名を書いた表を大きな紙に書いて壁に貼っていました。その表の曜日の上に，【きのう】，【きょう】，【あした】と書いたカードを貼り，日が変われば，カードをそれぞれ剥がして，隣にずらして貼っていました。とにかくのんびりですが，毎日くりかえすこと，好きなテレビを利用することによって，無理なく覚えていきました。
　しかし，年長になっても，長時間何もすることなくじっと座っていることが苦手でした。卒園式を間近に控え，どうしたものかと考えに考えました。そして思い浮かんだのは，幼稚園のお別れ発表会のファッションショーでの事でした。将来なりたいものに扮装して順番に舞台の花道に出てポーズを取り，そのあとはみんなが終わるまで舞台上の席でじっと待つというものでした。寛子はシンデレラになりたいと言っていたので，カラービニールで作ったシンデレラのドレスでハイポーズでした。自分のポーズが終わった後も，自分の席でシンデレラのように腕を組んでじっと座っていることができました。
　そうだ，この子はシンデレラになることでじっと座り続けることができるんだと気づきました。卒園式当日は，当然制服なのでせめて髪の毛をポニーテールにして可愛いリボンをつけて，ハイソックスはひらひらのレースのついたものを用意して履かせました。シンデレラの寛子は，長い卒園式を無事終えることができました
　寛子が小学1年生になった初夏に生後65日の甲斐犬クロが我が家にやってきました。当分寛子はクロは私の弟だといい，はしゃいでいましたが，まだ自分が小さい寛子にとっては子犬でもクロは大きく感じ，おっかなびっくりで接していました。それからは，このクロとの関係の在り方が，寛子の（対人関係の

成長の）バロメーターとなりました。中型日本犬で初心者向けの犬ではないので，物理的な力の面もあり，寛子が一人で散歩に連れていき始めたのは高校生になってからでした。まだ幼いうちは，寛子はクロに指示を出すのが下手くそだし，クロも寛子の指示をしっかり聞いてくれませんでした。ある程度大きくなって，ようやくクロに対して分かり易い指示を出したり，クロが寛子の指示通りに動いてくれるようになり，成長を実感できるようになりました。

　クロが16歳の老犬になり，私がクロの介護に奮闘している時，寛子はよく力を貸してくれました。本当に助かりました。何か月間か後，老衰で息を引き取った時には，自分の車に乗せて市役所まで連れて行ってくれました。愛犬の死を素直に受けとめることができました。この時ばかりは，目の前の死に対して恐怖や不安を感じることなく，むしろやれるだけのことをしてやったと言う充実感を噛みしめているようでした。

　4年生から眼鏡を掛け始めました。こんなにも早く我が子が眼鏡を掛け始めるなんて親としては正直ショックでした。メガネは四六時中掛けているのではなくて，授業中のみ掛けて，休み時間や体育の時間には掛けていませんでした。掛けたり掛けなかったりだったせいか，掛けていない時目を細めるのが気になったので，6年生の時に思い切ってコンタクトレンズを使用することにしました。しかし，眼科では帰る時に「たぶん，コンタクトレンズは無理ですよ」と声に出して言われました。その一言で，母の心に火が点いたのです。家に帰って早速コンタクトレンズ装着の練習開始です。そこで閃いたのが，鏡に小さなドングリのシールを貼ること。そのドングリのシールをじっと見つめたまま指でしっかり上下まぶたを広げると，無事大きなソフトコンタクトレンズを入れることができました。

　初経を迎えたのは5年生の冬休みです。そこで，まずつき当たる問題は，年始の親戚宅へ訪問する時のことでした。公共のトイレでは，使用済み生理用品を紙でくるんで，汚物入れに捨てればそれでおしまいですが，個人の家となるとそうはいきません。きちんと，私の考えるマナーを教えることにしました。小さなハンカチに生理用品と小さく折ったビニール袋をくるみ1セットにしたものを数セットバッグに持たせました。そしてトイレを借りる時には，ポッケにその1セット入れて行き，使用済みのものはビニール袋に入れて，再びハン

カチにくるんで，またポッケに戻し，バッグに入れて家に持ち帰ることにしました．また，その頃まで，父親とお風呂に入っていましたが，「パパとお風呂に入るのが嫌になる前に一緒に入るのをやめる」と言って，自発的に一緒に入るのをやめました．

その後，中学校でも本当に大変な毎日だったことは確かです．寛子の反応が面白いので，同学年の男子からからかいの対象になった上，3年生の男子からもからかわれました．寛子の嫌いな言葉「ししゃも」を寛子に対して連呼するのです．親としてはそれでも穏便に済ませたかったので，2学期になって，自分たちが出ずに姉の方から寛子の担任に状況の説明をさせました．正義感の強い姉は，自分が寛子の弱点をみんなの前で説明してからかうのをやめてもらうと寛子の担任に毅然と言ったようです．最終的には，私と学年主任との話し合いになりました．同じクラス，学年だけでなく，3年生の男子まであまりに寛子に対するからかいがひどい実情をお話し，せっかくの機会だから寛子自身は一生懸命頑張っているのを周囲の子に分からせるために，英検の準2級を取得したことを朝礼の時に公表してほしいとお願いしました．すると，寛子の隣りのクラスのA先生が先頭に立ってくださり，全校で一斉取り締まりが実施され，困った輩は一掃されたのでした．寛子の英検のことも朝礼の時に発表されました（寛子以外の英検準2級取得者も発表され，前年度準2級をとっていた姉も紹介してもらえました）．その後，2年生，3年生ではA先生が担任であったため，本当に平和な中学校生活を送ることができました．

高校は公立高校に入れず，遠方の私立のカトリック系の高校に通いました．中学校の指導がよかっただけに，私も油断しまくりのスタートでした．高校生活は入寮によりスタートしましたが，早速パニック多発でクラスが混乱する騒ぎとなりました．そこで，改めて専門医に相談して，診断告知（本人は精神病かと思っていたようです）と学校への介入をお願いしました．合わせて，10月からは自宅に戻り，2時間かけて通学しました（長時間通学の成果は大学でも活かされました）．また，通学時は頭痛防止のために，帽子やストールを着用するようになって，それは今も続いています．

3　家族の役割

　寛子に対して常に語っていたことは，「寛子にはたくさんの弱点があるけど，工夫することで克服できるよ」ということ。その言葉通り頑張って知恵を絞っていろんな工夫をして，困難を乗り切ってきました。しかし，今我が子が大学生になり，これまでを振り返ることで思ったことは，これからは，我が子に対する手厚い特別支援を大いに感謝しながら，その体制に胸を張って乗っからせてもらおうということです。

　以前なら，我が子にだけ特別に配慮していただくのは親として申し訳ない気持ちが強かったことは確かです。でも，発達障害を持ちながらもここまでたどり着き，最高の理解者に巡り合えたのだから，これからは考えを改めることにしました。それは，我が子が学びやすい環境をつくること，過ごしやすい環境をつくることは，これから続く人達のためにもなるとわかったからです。

　これから，最後の難関「就労」が寛子を待ち受けています。親としても正念場です。ただ，心強いことに，本来親の役目とばかり考えていた就労への道を，大学が，社会が，支援をする体制が，少しずつですができ始めていると感じられます。

　現在の寛子の成長は，17年前の，親としてまだ駆け出しの『私』では想像もしえない状況であることには間違いありません。どうしてここまで来ることができたか，それは，私と主人が「最強の夫婦」だったからかもしれません。私がどん底の時，主人は「お母さんは一家の太陽だから，お母さんが幸せでなければ家族みんなが幸せでない。お母さんが輝くように自分は何でもする」と，私を支えてくれました。そして，家族みんなが笑顔になれるように本当に頑張ってくれました。

　そのお陰で私は太陽の輝きを取り戻し，得意の創意工夫で，寛子の目覚ましい成長の手助けをすることができました。確かに，言葉では言い表せないくらいつらく厳しい時も多々ありましたが，恐らく周囲からは，そんなに苦労を背負ってきた母親に見えていないと思います。むしろ，能天気で愉快で子育てを謳歌してきた母親に映っていたことでしょう。

　でも，そんな私からでも，「寛子ちゃんは大丈夫よ」とは，『私』に言ってあげ

られない。なぜなら、まだ本当に大丈夫かどうかは分からないから。寛子の人生は、まだまだこれから先が長い。だけどこれなら言ってあげられる。「恵美子さん、あなたは大丈夫よ。母親として楽しく過ごして」。

エピローグ：未来の私へ

　ここまでのエピソードは「17年前の私へ」と思いつくまま書いた文章を整理したものです。現在、寛子は大学を卒業して、就労という新たな困難に立ち向かい、ハローワーク、障害者就労支援センター、就労移行支援事業所を経て、ようやく念願かなって、大学で学んだことが多少なりとも活かせる仕事に就くことができました。就労に際しては、これまでと次元の異なる大きな壁もありましたが、周囲のサポートにより、乗り越えることができました。まずは、環境に慣れることから始め、生活のパターンを1日、1週間、1か月、季節ごと、1年と整えていきながら、仕事のスキルや職場での存在意義を高めていってほしいと感じています。幸い父親のことをよく知って下さっている方々がおられるうえ、障害への理解がある職場であり、本人曰く「働き心地」のよい職場に恵まれたようです。

　それでも、大人になってから現れた生理前や気象変動による不調は続いています。また、聴覚過敏（規則的な音、雷、ファンヒーターの着消火時の音、CM、童謡、一部の子供向けアニメ）もありますが、不調時には寛子は「機嫌が悪い」と表現し、自分なりに作業スピードを落とすなりして対処しています。その他、疲労がたまると、死や終末に関する不安がよぎることが多く、特に、寝入りばなが要注意となっています。

　将来については、寛子自身は漠然と結婚し子どもを産み育てるものと考えているようですが、親としてはその辺のところはまったく白紙です。親が健在な間は、今の調子でいけば仕事を含め充実した生活が送れるものと思われます。でも、心配なのは両親とも亡くなった後です。

　未来の「私」へ。「まだまだできることはたくさんありますね」。

解説　「当事者・家族の声」への耳の傾け方

木谷秀勝

　綿貫さん，永山さん，本当にありがとうございます。この一言が一番率直な解説になります。それ以上の余計な言葉は必要ないでしょう。

　それでも，お二人が述べることができなかった2つの視点を紹介しましょう。それは次の都々逸「白だ黒だとケンカはおよし。白という字も墨で書く」（作者不詳）がヒントになります。

　都々逸（皆さん，知っていますよね）なので，野暮なことは言いませんが，この都々逸を，筆者は「発達障害のある子の父親」への応援メッセージとして引用したことがあります（アスペ・エルデの会編，2016）。そのことからわかるように，最初の視点は「父親の存在」です。父親の存在が大きいことは十分にわかっていると思いますが，では，2人の文章の中で父親はどんな形で登場していたでしょうか？（思わず，読み直さないように）

　綿貫さんがいじめで限界を感じた時，永山さんが自信を失いかけていた時，父親（ご主人）の「そっと一言」で，自信を取り戻している姿が描かれています。その一言からは，障害に関係なく，家族だからこそ感じ取れる「大切な娘」への温かい眼差しが伝わってきます。こうした家族全体で育んできた安全基地としての「家族」という環境に包まれているからこそ，「自分らしさ」を表現できる環境を見つけることができたのかもしれません。

　もう1つの視点は，「白だ黒だ」，つまり「障害があるか，ないか」を問題にする見方から，一度離れましょう，という視点です。専門家を含めNT（定型発達者）は，どこかで「自分の経験する世界が唯一のもの，もしくは唯一正しいものであるとみなす傾向がある」（エドモンズ＆ベアトン，2011）ように，支援や福祉の方向性をNTの幸福度を基準に検討してきたことは確かです。

　しかしながら，綿貫さんの生き方や寛子さんの成長からも，「白だ黒だ」では

なく,「白も黒もあるよ！」とNTに新たな生き方を教えてくれていると考え直すべきです。まさしく, "Nothing about us, without us !"（わたしたち抜きに, わたしたちのことを決めないで！）のスローガンが示すように, 率直に当事者や家族の声に耳を傾ける必要があります。

　……と書いてしまうと, 皆さん「そうだよね」, あるいは「そんなことはわかってるよ」と思っているところでしょうか。そう思うのもNTの悪い傾向です。なぜかって, それは当事者達の言葉は, NT語, 特に日本語とはまったく違う文脈だからです。ある当事者から「名誉アスペ星人」としての称号をもらっている筆者から見ると, 文脈の差異がもたらすコミュニケーションのズレ（障害ではありません）はとても大きく感じます。

　もっとも代表的な例は,「疲れた」という言葉です。NTの日本語的文脈だと「ああ, 1日がやっと終わった」という安堵感や「（ずっとあいつといて）もういいや」という精神的徒労感などの意味が強いでしょう。ところが, 綿貫さんや寛子さんと直接話をしていてわかることは,「疲れた」と表現している時には, 既に120％のエネルギーが奪われていて,「身体に力が入らない（脱力感）」,「腕や脚が痛い（筋肉痛）」感覚に近い, ある意味重症状態に陥っている場合があります。本当に「からだ」も「こころ」も,「関係性」からパニック状態になっている時には,「声」に出すことすらできません。

　もうおわかりだと思いますが, 今回「声」にしてくれた生き方は, われわれNTが想像する以上に,「まだまだ語り尽くせない」繊細な感覚にあふれていることを忘れないでください。

　やれやれ, 最後は野暮なことを言ってしまったでしょうか。

【文献】

アスペ・エルデの会編．（2016）．発達障害のある子の父親ストーリー．明治図書出版．
ジュネヴィエーヴ・エドモンズ, ルーク・ベアトン編著, 鈴木正子・室崎育美訳（2011）．アスペルガー流人間関係：14人それぞれの経験と工夫．東京書籍．

第7章 二次障害への理解と対応

1 外在化障害：暴力, 自傷行為, 万引きほか触法行為 ※注

樋口純一郎

事例 1 「家出・万引きをくりかえした, ユウコさん」のケース

 プロフィールと主訴

（1）ユウコさんのプロフィール

　ユウコさんは普通学級に在籍する中学2年生（14歳）の女の子です。体型は身長が160cm, 体重55kgとやや大柄。おとなしい性格で, 勉強は苦手。伏目がちだったり, 発言を求めても恥ずかしがって黙ってしまったりと, 地味な印象のある女の子ですが, 得意なスポーツをしているときは活き活きとした表情を見せます。

　学校では, 毎日登校しているのですが, 授業は理解が難しいようでボーッとしており, 通知表はほとんどが5段階で「2」。会話が苦手で, 教師の問いかけにも「うん」「わかった」「ふつう」などと返答は短く, 首を傾げたり, 微笑んだりしてごまかします。気の合う少数の友だちとは, はしゃいでいる様子も伺え

※注：本節で紹介した2つの事例は, 筆者の経験した複数の事例を組み合わせ, 加筆・修正を施した創作事例となります。

ます。一部の心ない男子がユウコさんをからかうときがあり，学校教員はいじめに発展しないように見守っています。

　父親は会社員，母親はパート勤務，3人家族で生活しています。両親とも50代半ばで，不妊治療の末，高齢出産でユウコさんを授かったそうです。母親は要求水準が高く，学力不振で，ことばがなかなか出てこないユウコさんにイライラし，厳しい口調のこともあります。学校としては，ユウコさんの発達相談を勧め，親子関係が悪化しないように，個別面談や家庭訪問などでフォローしていたケースでした。

（2）主訴

　ユウコさんは，ある日，警察に逮捕されました。夜間徘徊しながら，コンビニを何店かめぐっては万引きをくりかえし，明け方になってようやく店員に捕まって警察署に連れて行かれたのです。後日，家庭裁判所から呼び出され，調査官がかかわるようになりました（14歳以上20歳未満で犯罪行為を起こした場合，家庭裁判所がかかわることになります）。しかし，ユウコさんはまるで凧の糸が切れてしまったかのように，何度も家出・万引きをくりかえすようになってしまったのです。

　最初の事件から約1か月後，ユウコさんはついに少年鑑別所に収容されてしまいます。心理技官や精神科医との面接で，軽度知的能力障害，自閉スペクトラム症（ASD）と診断されました。在宅支援では問題行動が収まらないこと，ユウコさんは親との生活を拒否するほど親子関係が悪化しており，それが問題行動を引き起こした要因の一つであると考えられたことなどから，審判では保護処分の一つ，児童自立支援施設送致の決定となりました（児童自立支援施設とは，不良行為，もしくはそのおそれのある児童，または，家庭環境その他の理由で生活指導が必要な18歳未満の児童が入所する児童福祉施設の一つです）。

2　事例解説

（1）一般的にいわれていること

　ベースに知的能力障害や神経発達障害があり，家族や周囲の理解や適切な療育につながらず，過度な叱責，関係不全，孤立等が高まり，不登校やひきこもり，うつや心身症，または，反抗挑戦的態度や反社会的行動に陥ってしまうことを「二次障害」と呼び，特に，反抗や自傷行為等の問題行動や窃盗，傷害などの非行に及んでしまう場合を，「外在化障害」と呼びます（齊藤，2009）。

　ここで決して勘違いしてはいけないのは，知的能力障害や神経発達障害があるから非行・犯罪に至るというのは大きな誤りであり，明らかな人権問題ということです。ただ，知的能力障害や神経発達障害を持つ子どもが育っていくうえで，まわりの人との関係性のなかで，ボタンの掛け違えが幾重にもくりかえされてしまい，子どもが適切な"サイン"を出せず，残念ながら"問題行動"や"非行"という形で表現されてしまったと考えられる場合はあります（樋口，2014）。

（2）ユウコさんの背景にあるもの

　少年鑑別所ではWISC-Ⅳ知能検査（表7-1-1）が実施され，ユウコさんの知能は軽度遅滞レベル（FSIQ＝67）で，特に言語理解が極端に落ち込み（VCI＝62），アンバランスな認知プロフィールだということがわかりました。ASDの一つの特徴である「コミュニケーションの苦手さ」が顕著な結果といえます。また，性格・情緒を知るためのアセスメントも受けましたが，描画テストではエンピツを握ってなにか描こうとはするものの，結局5分間ほど逡巡し，なにも描けないまま中断となってしまいました。心理技官との対話でも，他愛のない質問には「そう」「ちがう」「わからん」などと短くことばを返しはしますが，事件や家族の話題になると途端に緘黙状態になってしまいました。

　家庭裁判所に呼び出された両親から詳しく話を尋ねると，ユウコさんは3歳児健診で発達がゆっくりしている，特にことばが遅れていることを指摘され，早期療育を紹介されたものの，当時母親はそれを受け入れられず，対応しな

表7-1-1　ユウコさんのWISC-Ⅳ知能検査結果

言語理解 = 62			知覚推理 = 74			ワーキングメモリー 71		処理速度 = 88	
類似	単語	理解	積木模様	絵の概念	行列推理	数唱	語音整列	符号	記号探し
4	3	4	6	6	6	8	2	6	10

かったこと，他の子に追いつくように，幼少の頃から母親はユウコさんに厳しく接してきたこと，小学6年生頃からユウコさんは親を避けるような視線やそぶりが出てきたこと，今回このような問題となってしまって，親として後悔していることが語られました。

　ある夜，突然自暴自棄ともいえるユウコさんの行動には，"家族に理解してほしい""まわりに気づいてほしい"というような"サイン""メッセージ"があったように思います。

（3）ユウコさんへの対応・支援

　ユウコさんが一時親元を離れて過ごすようになった児童自立支援施設では，以下のような対応策を考えました。

> ① よい行動は大いに褒め，不適切な行動には責任が生じるという，わかりやすい枠組みを示す。
> ② 自信を回復するプログラム（スポーツ，少人数での人間関係形成）を組む。
> ③ 心理療法を導入し，表現を促すとともに，家族への気持ちを整理する。
> ④ 段階的に家族へ気持ちを伝える。

　ユウコさんのように非行が習癖化しつつあるような外在化障害の場合，生活の枠組みをよりわかりやすく堅固なものにしなくてはならないときがあります。また，二次障害を抱える子どもには，学習支援やソーシャルスキルトレーニングはまず大事ですが，前述の②，③，④のように「こころ」や「関係性」にアプ

ローチすることは欠かせないでしょう。

（4）対応策による介入の結果

　施設では，同年代女子との共同生活がはじまりました。そこでは施設内学級が敷かれており，少人数で学校教育を受けることになります。はじめは緊張・萎縮気味だったユウコさんですが，授業中にノートを書いていなかったり，施設で決められた係の仕事をさぼったりしていることを職員から注意されると，拗ねて施設内を徘徊するようになりました。しかし，不適切な行動のあとには個別日課となったり，ユウコさんがクラブ活動などを抜けてしまうことで，他の子どもたちに迷惑をかけることを目の当たりにしたりすることをとおして，徐々に徘徊行動は減ります。

　児童自立支援施設はよく"枠のある生活"と称されますが，決まった日課とルール，それに伴う明確な評価と責任，モデルとなる経験の長い先輩や同級生，生活範囲や人間関係が施設内で完結していることから，入所前の問題行動が劇的に収束していきます。はじめは窮屈で不自由に思えても，パターン化された生活や人間関係にむしろ安心感を持ちはじめ，格好つけずに，子どもらしく伸び伸びした表現ができるようになってきます。ユウコさんも例に漏れず，得意なスポーツやからだを動かす行事，気の合う少人数の子ども集団での団欒，進級すると最高学年として委員長をまかせられる等，自信の回復を目的とするプログラムをとおして，表情や積極性が見違えるほど活き活きしたものとなってきました。このような治療構造を持つ生活の枠組みは，児童自立支援施設ならではの強みといえるでしょう。

　心理療法では，はじめは場面緘黙状態でしたが，回答に選択肢やスケーリング（気持ちの強さを0～10で表現）を設定し，筆談での対話からはじめ，徐々に自発的で自由な表現が増し，最終的には（決してことば数は多くありませんが）会話できるようになりました。そのなかで，母親から叩かれるのが嫌なこと，父親が見て見ぬふりだったこと，そして，「甘えたいけど，甘えられなかった」「この苦しさを，だれかにわかってほしかった」と問題の背景に潜んでいた気持ちをようやく言語化できました。

　両親とは，初めは行事に参加して，遠目でユウコさんを見守ってもらい，職

員同席で両親への手紙を読む，日を変えて両親から謝罪のことばをかける，面会，外出，外泊……と少しずつ段階を上げていきました。両親の前で手紙を読む段階まではかなりの時間も労力もかかりましたが，両親からの謝罪があってからの親子関係改善はスピードアップしたかのようでした。母親からは，焦る気持ちから親として絶対してはいけない方法をとってしまったと涙ながらに懺悔のことばが語られ，父親もこれをきっかけに積極的に育児参加するようになったことが印象的でした。

　その後，ユウコさんんは1年半の施設生活を終え，家庭復帰，特別支援学校（高等部）への進学を決めました。

ある当事者の想い

施設に入って，初めて学校が楽しいと思った。大人を信用できると思った。今まで無理していたんだとわかったし，無理しなくてもいいんだと思えるようになった。あの頃の自分はバカで，なぜあんな行動をしてしまったんだろうと思う。ふつうに言えばいい。ふつうに相談すればいい。自分に合った進路を選べばいいとわかった。（30代・女性）

この事例のOne-Point

知的能力障害や神経発達障害があるから問題行動や非行を起こす，というのは大きな間違い。ただ，人間関係が不器用といえるので，周囲がなんらかの"サイン"をキャッチできるような見守りやサポートが大切です。

事例 2 「暴力・自傷行為に陥った，アヤカさん」のケース

1 プロフィールと主訴

（1）アヤカさんのプロフィール

　アヤカさんは普通学級に在籍する小学6年生（12歳）の女の子です。体型は身長が148cm，体重36kgとやや小柄で細身。目鼻立ちのはっきりした顔立ちで，"わが道を行く"タイプです。

　学校では，登校状況や友人関係も良好，成績も中レベルです。いくつか存在する女子グループのいずれかにベッタリ入ることなく，良い意味で人に流されず，自分の興味・関心に従って行動できます。ただ，自分のやり方・考え方にこだわるときがあり，たとえば，ノートの取り方や色遣いにやたらめったら時間をかけたり，人が群れるのは気持ちが悪いと極端に嫌ったり。時折ひとりムスッとした表情で教室に座っている姿が気になります。

　アヤカさんは3歳まで母子家庭で育ったようですが，母親のネグレクトで児童相談所が保護，その後の2年間は児童養護施設で過ごし，5歳から里親利用していました。しかし，小学2年生になって里親がアヤカさんの育てにくさや関係不調を訴え，アヤカさん自身も施設に戻りたいということで，現在は元の児童養護施設で暮らしています。母親や里親の詳細な情報はわかりませんし，今は交流もないようです。

　児童相談所からは，IQは平均レベル範囲だが，やや自閉傾向があると指摘されています。学校では，なにか不調があればすぐに対応できるよう，見守りケースとなっています。

（2）主訴

　学校では上述の様子なのですが，生活している児童養護施設では，小学6年生に上がってから，落ち着かない中・高生女子に影響を受けてか，施設職員への反抗，暴言や物に当たる等の問題行動が増え，施設職員は困っています。

夏休み，クールダウンのために児童相談所に一時保護されましたが，2学期になってから問題が再燃。ある日，些細なことから施設職員と言い争い，アヤカさんは「はぁ？　意味わからん」「死ねや！」などと暴言を吐きながら手近のガラスや食器を放り投げ，押さえつけた職員に噛みついたり，つかみかかったりと，大変な興奮状態で児童相談所に再び保護されてしまいました。育った施設といったん距離を置くことが必要との判断で，アヤカさん自身もそう希望して，児童心理治療施設へ一時入所することとなりました（なお，2017年4月に「情緒障害児短期治療施設」から「児童心理治療施設」へ名称変更されました。不登校やひきこもり，被虐待などの心理的課題を抱え，心理治療を要する児童が入所する児童福祉施設の一つです）。

2　事例解説

（1）一般的にいわれていること

　乳幼児期に慢性的なネグレクトや暴言・暴力，DVの目撃，もしくは，養育者が頻繁に替わることを体験すると，その後のアタッチメント（愛着）行動に課題が生じるといわれています。通常の発達では，乳児期に安定した養育を受けることで基本的な安全・安心感が定着し，1歳まえには人見知りがはじまりますが，主な養育者（多くの場合，母親）を"安全基地"にしながら探索行動を広げて自律心や自主性を育み，養育者以外の第三者や社会（親戚・友人付き合い，幼稚園や学校など）との関係を持てるようになります。しかし，乳幼児期に虐待を受けた子どものなかには，過度に警戒・緊張していつも自分を抑え込んでしまう対人様式や，逆に，だれかれ構わず馴れ馴れしい無分別な対人様式など，いびつなアタッチメント行動をとることがあります（数井・遠藤，2007）。極端になると，わざと人の嫌がることをしたり，しつこくからかったり，挑発したりしてでしか人とかかわりが持てないような子もいます。

　また，社会的養護（児童養護施設や里親等）で育った子どもが思春期を迎えるとき，"自分はどこからやってきたのだろう？""この人たちは本気で自分のことを考えてくれているのだろうか？"などのアイデンティティの揺らぎや漠然

とした不全感や怒りを感じることが多く，不適応が生じることも少なくないといわれています。特に女子の場合，その怒りや破壊的な衝動が自分の身体に向くことが多く，リストカットなどの自傷行為につながることが少なくありません（松本，2009）。

（2）アヤカさんの背景にあるもの

　児童相談所では，各種アセスメントや行動観察が実施されました。そのときの樹木画テストは，とてもとげとげしい内面が表れています（図7-1-1）。また，改めてわかったことは，偏食（甘いもの全般が苦手），人ごみの騒々しさ，からだに触れられることへの気持ち悪さなど，アヤカさんには感覚過敏があることでした。学習の進め方や食事作法，物を置く位置，時間などにかなり強い自分なりのこだわりやルールめいたものがあり，それがいちいち施設職員との衝突の種となっていることも判明しました。

図7-1-1　アヤカさんの樹木画（筆者が描いたイメージ画）

また，小学6年生になった頃から，人知れず自分の母親探しをするようになり，かすかな記憶をたどって3歳まで住んでいた場所を訪れたり，友だちのスマートフォンを借りてSNSで検索したりしていたことがわかりました。

ASDの特徴が，職員との関係不全における原因の一端となっていたこと，そして，アヤカさんも被虐待児や施設育ちの子どもが持つ特有の課題を抱えていたことがわかりました。

（3）アヤカさんへの対応・支援

　アヤカさんが一時的に元の児童養護施設を離れて過ごすようになった児童心理治療施設では，以下のよう

な対応策を考えました。

> ① よい行動は大いに褒め，不適切な行動には責任が生じるという，わかりやすい枠組みを示す。
> ② アヤカさんのこだわりに配慮し，合理的配慮をする。
> ③ 心理療法のなかでライフストーリーワークを実施し，漠然とした気持ちの整理や自分史を話し合う。
> ④ 元の児童養護施設職員との関係回復を段階的に目指す。

①や④は事例1（ユウコさん）と同じ対応ですが，②については，頭ごなしにアヤカさん独自のやり方・考え方を否定することなく，まずは耳を傾け，折り合えるところは話し合い，必要であれば他の子どもたちに事情を説明するようにしました。③については，ライフストーリーブック（専用のテキスト）に過去の軌跡を記入したり，写真を貼ったりし，時に乳幼児期に過ごしたであろう場所を訪れたり，当時の職員に話を聴くために元の児童養護施設に出向いたりしました。

児童心理治療施設には心理士スタッフが多く在籍しており，生活のなかに治療的観点を取り入れ，グループダイナミクスにおける治療効果を促し，かつ，個別の心理療法を織り交ぜながら対応できたことは，この施設ならではの強みといえるでしょう。

（4）対応策による介入の結果

児童心理治療施設では，はじめは様子を見ながら過ごしていたアヤカさんでしたが，慣れてくると，体育の授業や集団活動では自分のやり方・考え方が職員や他の子どもたちに伝わらずに隅で固まってしまったり，教室の暖房器具による温風が気持ち悪いと勝手に出て行ってしまったり，対応に苦慮しました。物を壊したり，暴力したりしてはいけないと理解できた分，フラストレーションの出し方がわからず，自傷行為（爪やシャーペンで血が出るまで腕をかきむしる）に陥った時期がありました。

作業の進め方について，個別もしくはクラスで話し合いの場を設けたり，席

順に配慮したり，ストレスがたまったときに書き殴るためのノートやクールダウンスペースを確保したり等の策を講じ，改善されたこともありましたが，正直難しいことも残りました。大きな変化は，実は子どもたち同士の生活をとおしての気づきでした。アヤカさんが慕っている先輩のある中学生女子が「こんなおいしいもの食べられないなんて，人生の半分損してるよ」と何気なく発言したことばが，のちのアヤカさんのチャレンジ精神を刺激することになります。この施設を退所する頃（中2の終わり）には，大嫌いだった甘いものを食べられるようになり，（今も苦手ではあるものの）騒々しい人ごみの中に入ったり，ある程度は他人のやり方にも合わせられたりするようになりました。"感覚過敏はあれど，理性・理屈がそれを凌駕する"といった感じでしょうか。

また，心理療法の中で実施したライフストーリーワークでは，母子手帳を見たり，幼児期の自分の写真を見たり，当時通った保育園を訪れたりし，今は絶縁している母親の直筆（母子手帳の記録）を眺めて「このときは大切に育てられてたのかな」とか「養護施設の先生には，なんだかんだ言ってずっとお世話になってるな」とか「（当時通っていた保育園を訪れ）あのときの感覚が蘇る！」と時に涙を流し，自分史や現実を整理していきました。

アヤカさんは2年半の児童心理治療施設の生活を終え，中学3年生で元の児童養護施設へ復帰，原籍中学へ復学しました（成人するまでにもちろんここでは書き尽くせないいろいろな出来事がありましたが，無事高校卒業，20歳で児童養護施設を退所し，一人暮らしを始めたところです）。

3　おわりに

ある当事者女性（もう成人している施設退所者）に，筆者の勤める施設にゲストスピーカーとして，今在籍する子どもたちに話をしてくれないかと依頼しました。彼女は「自分の人生なんかにだれが興味持ってくれるのとは思うけど，自分も先輩のことばに救われたときがあったから，一人でもわたしなんかのことばに勇気もらえる子がいるなら」と快く引き受けてくれました。施設の在園生が「夢はありますか？」と質問し，彼女は次のように答えました。「"夢"なんて大そうなものは描いてない。ただ，毎日地に足をつけて生きてる」「いろんな

先生や友だちとの出会いがあって，今，自分の力で生きてることに幸せを感じる」と．

ある当事者の想い

昔の自分は視野が狭かった．嫌なことがあったら，すぐにどこかへ行ったり，だんまりになったりしていた．養護施設の先生には八つ当たりした時期もあったけど，感謝しているかな（笑）．今でも自分の親がどうしているかは気になるし，いつか迎えに来てくれるんじゃないかと期待しているところもある．（20代・女性）

この事例のOne-Point

乳幼児期から慢性的な虐待を受け続けると，脳の発達に影響が及び，神経発達障害のような症状が生じる場合があります（友田，2012）．"生まれつきか，環境か"の鑑別は難しいですが，いずれにせよ，虐待を受けた子どもや社会的養護で育った子どもには神経発達障害へのアプローチ法は有効です．

【文 献】

樋口純一郎．(2014)．児童自立支援施設から見た子ども虐待．兵庫民主教育研究所子どもの人権委員会（編）．子ども虐待と向き合う：兵庫・大阪の教育福祉の現場から (pp37-43)．三学出版．
数井みゆき・遠藤利彦（編）．(2007)．アタッチメントと臨床領域．ミネルヴァ書房．
松本俊彦．(2009)．自傷行為の理解と援助：「故意に自分の健康を害する」若者たち．日本評論社．
齊藤万比古．(2009)．発達障害が引き起こす二次障害へのケアとサポート．学習研究社．
友田明美．(2012)．新版いやされない傷：児童虐待と傷ついていく脳．診断と治療社．

2 場面緘黙, LGBTなど

金原洋治

事例 1 「家の外でしゃべれなくなった, サクラコさん」のケース

1 プロフィールと主訴

(1) サクラコさんのプロフィール

　サクラコさんは, 通常学級に在籍する小学1年生 (7歳) の女の子です。小学校に入学後しばらくして, 学校で話さない事に担任の先生が気づきました。発表はしませんが学習の遅れはありません。担任や保護者は, 1学期は, 新しい環境に慣れていないだけだと思って様子を見ていましたが, 2学期になってもしゃべらないので通級指導教室に通いはじめました。また, 注目される場面では固まってしまい動けなくなります。トイレには一人では行けないので, 級友に誘って貰っています。

　幼児期は, 家では会話がかみ合いにくく, 要求が聞き入れられないと長い間泣き続けていました。怖がりで, 慣れない人や場所や状況には不安が強くなり, 母親の後ろに隠れたりしがみついたりしていました。幼稚園入園後, 数人の子どもや担任には小さな声で少ししゃべっていましたが, 活動に参加せず一人で遊んでいることが多いため, かかりつけ医の受診を勧められました。「自閉症の疑いがあるが, 小学校に入学する頃には, もっとしゃべるようになると思うので, 様子を見るように」と言われたため経過をみていました。両親と兄の4人家族で, 家では兄以上によくしゃべりますが, お客さんが来ると急にしゃべらなくなるし, 買い物や習い事の場でもしゃべりません。

(2) 主訴

主訴は「学校で話さない」ということでした。サクラコさんは，通級指導教室でも話さないため，担任からスクールカウンセラーの相談を勧められ，自閉症以外に場面緘黙の疑いもあると言われため，場面緘黙の子どもが多く受診している当院を受診しました。通常学級の担任の話では，休み時間は一人でいることが多いし保健室に行く回数が増えているそうです。場面緘黙質問票SMQ-R（保護者記入）（かんもくネット，2011）に記入してもらいました（図7-2-1）。SMQ-Rは10点であり中等度の場面緘黙だということがわかりました。

場面緘黙質問票 SMQ-R

SMQ-R（Selective Mutism questionnaire-Revised:Bergman. かんもくネット, 2011）
お子さんのこの2週間の行動についておうかがいします。次の各文について，どれがあてはまるかお答え下さい。
（0全くない・1まれにある・2よくある・3いつも）

A 幼稚園や学校
① （　）必要に応じて，たいていの同級生と学校で話す
② （　）必要に応じて，特定の同級生（友達）と学校で話す
③ （　）先生の問いに，声を出して答える
④ （　）必要に応じて，先生に質問する
⑤ （　）必要に応じて，たいていの先生や学校職員と話す
⑥ （　）必要に応じて，グループの中やクラスの前で話す

A計（　　）点

B 家庭や家族
⑦ （　）必要に応じて，よその人が家にいても家族と話す
⑧ （　）必要に応じて，慣れない場所でも家族と話す
⑨ （　）必要に応じて，同居していない親戚の人（例えば，祖父母やいとこ）と話す
⑩ （　）必要に応じて，親や兄弟と電話で話す
⑪ （　）必要に応じて，家族でつき合いのあるよく知っている大人と話す
⑫ ×（　）必要に応じて，家で特定の友達と遊ぶとき話す
（↑得点に含めない）

B計（　　）点

C 社会的状況（学校の外）
⑬ （　）必要に応じて，知らない子どもと話す
⑭ （　）必要に応じて，家族の知り合いだが知らない大人と話す
⑮ （　）必要に応じて，医者や歯医者と話す
⑯ （　）必要に応じて，買い物や外食でお店の人と話す
⑰ （　）必要に応じて，おけいこごとや学校外のサークル活動で話す

C計（　　）点

合計	
A計（　　）点	
B計（　　）点	
C計（　　）点	
SMQ-R（　　）点	

参考：SMQ-Rの得点平均

	場面緘黙児平均	他児平均
A計 幼稚園や学校	1.8	15.9
B計 家庭や家族	8.5	14.5
C計 社会的状況	1.7	12.5
SMQ-R	12	43

図7-2-1　場面緘黙質問票SMQ-R（保護者記入）（かんもくネット,2011）

② 事例解説

（1）一般的に言われていること

　場面緘黙の発現頻度は，0.15〜0.8％で，男女比は4：6で女児に多く発症します（金原，2018）。生まれつき，家の外では自分の気持ちを抑制する抑制的気質（Kagan et al., 1987）を持った子どもに発症しやすく，幼稚園や保育所への入園など集団デビューする時期の発症が約80％です。また，場面緘黙の10〜40％に自閉スペクトラム症（ASD）が併存すると報告されています。

　場面緘黙かどうかは，DSM-5（APA, 2013/2014），ICD-10（融ら，2005）の診断基準にて行います。家族に場面緘黙質問票SMQ-Rを記入してもらうことにより，場面緘黙の状況や程度が確認できます。場面緘黙の子どもは，慣れない場所では不安と緊張のため質問しても声が出ないし，コミュニケーションがとれないため，自閉スペクトラム症（ASD）と間違いやすいことに注意が必要です。①発症前の発達歴，②こだわりやコミュニケーションの特徴などが，家で見られるかどうかを確認することが大切です。家族にPARS-TR（一般社団法人 発達障害支援のための評価研究会，2013）などの質問紙を記入してもらい診断の参考にします。場面緘黙が改善した後に，診断の見直しをすることもあります。ASDの子どもに場面緘黙が併存している場合，ASDの対応に加えて場面緘黙の対応に配慮が重要です。

（2）サクラコさんの背景にあるもの

　初診時に，お母さんにサクラコさん自身が自分のことを知っておくことの大切さを伝え，場面緘黙についてパワーポイントを見て貰いながら説明しました。場面緘黙の人が「なぜしゃべれないのか」のいくつかの例，「①なぜ話せないのか，自分でもわからない，②声を聞かれるのが怖い，③話そうと思うと，ノドがぎゅっとしまった感じになる，④人の反応や他者からの否定的評価が怖い，⑤話すのが苦手，⑥人とどう関わればよいかわからない」を示し，サクラコさんの場合どれにあたるのかを番号で示してもらいました。サクラコさんは，②③④を指で示してくれました。

場面緘黙の子どもは，思った以上に，学校生活の大変さを感じ自分の将来の見通しに強い不安をもっていますが，同時に，幼児期でも園でしゃべらない自分をなんとかしたいと言う気持ちを持っています。

（3）サクラコさんへの対応・支援

　場面緘黙の基本方針である，「不安の軽減とリラックスできる環境，楽しく自信をつけながら場数を踏む。スモールステップで背中を推しながら支援する」ことを，家族や教員に共通理解して貰うようにお願いしました。かんもくネットが発行したパンフレットや本を紹介し（はやしら，2011；はやし，2013），意見書を用いて対応の仕方や配慮のお願いをしました。活動への参加方法は，担任，サクラコさん，保護者の3人で話し合い選択肢を示しサクラコさんに選んでもらうことをお願いしました。一番辛いのが中休みや給食など自由時間，グループ学習，遠足などですので，仲良しで面倒見のいい子と同じグループにすることや，保健室や図書室を利用しやすくする配慮をお願いしました。クラスの子どもには，サクラコさんと家族と相談して，『なっちゃんの声』（はやしら，2011）をクラスの子どもに読んでもらいました。また，家で撮影したビデオで「家ではしっかりしゃべれる子，学校ではしゃべれないけどしゃべりかけてもらうのは嬉しいこと」などのメッセージを伝えました。

　サクラコさんには，「今はしゃべらなくても活動に参加できたら良い。今は不安が上回りしゃべれないが，いつか，必ず，なんとかしたいという気持ちが不安を上回る時期がくる。その時には，思い切ってチャレンジしてみることも大切」ということを伝えました。

（4）対応・支援による介入の結果

　サクラコさんは「しゃべれないのは自分だけでない」こと，「すぐには話せるようにならないかもしれないが，将来はしゃべることができるようになることがわかり安心した」とお母さんに話してくれたそうです。

　担任をはじめ学校の先生やクラスメートの協力を得ることができ，クラスの子どもたちがよく声をかけてくれるようになりました。担任には，サクラコさんやお母さんの意見を聞き，参加しやすい方法を選択するような配慮をして

貰っています。2学期の終わり頃には，通級指導教室の担任と少し小声で話すようになり，クラスでは，必要なことは担任や数人の女の子に単語で伝えるようになりました。保健室には時々行きますが，前よりも回数が少なくなっています。2年生になると，算数の問題のように答えがはっきりしている問題には答えられるようになり，音読もできるようになりました。担任は，「以前より，クラスでも表情や動作が柔らかくなり，積極性がでてきた」と感じています。

クリニックには各学期に1回受診し，臨床心理士のカウンセリングと小児科医の面接を続けています。

ある当事者の想い

本当はみんなと一緒にしゃべりたかったけど，家の外に出るとシャッターが降りた状態になって，どうしても声が出なかった。そんな時でも，話しかけられると嬉しいし，話しかけるのを止めないでほしい。(20代・女性)

この事例の One-Point

園や学校で，しゃべらない子どもの相談を受けたときは，まず，場面緘黙を疑い，場面緘黙質問票SMQ-Rに記入して見ましょう。

 事例 2 「セーラー服を着ることを嫌がる，アンリさん」のケース

1 プロフィールと主訴

(1) アンリさんのプロフィール

アンリさんは自閉スペクトラム症（ASD）の診断がある通常学級に在籍して

いる中学2年生（13歳）の女の子です。成績は学年の上位です。体型は154cm，体重は43kgで，服装は黒や青色を好む短髪でボーイッシュな感じの女の子です。休日は，いつもズボンを履いています。

　幼稚園の年長のとき，こだわりが強く，気持ちの切り替えが苦手で集団行動がとりづらいため療育相談を受けました。自閉症の傾向があると言われましたが，小学校入学後，こだわりや気持ちの切り替えも上手になり，授業態度も成績も良いので心配は少なくなっていました。小学5年生のとき，登校渋りが始まり，些細なことを気にすることが多くなり不眠も始まったため，子どもの心身症の専門外来を受診しました。

　WISC-ⅢのFIQは115で知的な遅れはなく，ASDと適応障害と診断し，抗不安薬と睡眠導入剤の投与を行いました。徐々に改善したので数か月で投薬を終了していますが，各学期に1回受診しています。

　父親は公務員で厳格な方で，母親は専業主婦でよく気がつく優しい人です。小学3年生の弟がいます。一緒に遊ぶ子どもは，小学校の時代は男の子が多かったようですが，最近は女の子と一緒にいることが多いようです。

（2）主訴

　主訴は，「セーラー服を着るのが辛い」とい言う内容でした。アンリさんは，小学6年生の始めに初経があり，最初は不規則でしたが今は規則的です。最近，乳房の膨らみや月経など，自分の体がだんだん女性の体に変化してくることに違和感が強くなり耐えられなくなってきたようです。体が女性であることへの違和感は小学校入学前からはじまりましたが，受診直前まで，お母さんにも言えなかったようです。左の手首に包帯をしているので聞いてみると，性への違和感が強くなり自分の性を受け入れることが辛くなりリストカットをしたようです。LGBTのうちFTM（Female To Male）で，身体の性は女性で性自認は男性（男性と思っている）のようです。

　学校生活への配慮を依頼されたので，校長先生にお会いしてお願いすることになりました。クリニックでは，臨床心理士とのカウンセリングを開始し，ジェンダークリニックへの受診も提案しました。

② 事例解説

(1) 一般的にいわれていること

多様な性を持つ人たちの呼び方は，米国精神医学会診断分類（DSM-5）では，性別違和（Gender Dysphoria）が使われています（APA，2013/2014）。一般的な呼称としては，L（レズビアン），G（ゲイ），B（バイセクシュアル），T（トランスジェンダー）の頭文字をとったLGBTが使用されています。他にもA（アセクシュアル），Xジェンダー（両性・無性・中性の性自認）などさまざまな種類があるのですが，LGBTは，性別違和感がある人や多様な性を持つ人の総称として用いられることが多いようです。Facebookの当事者コミュニティーサイトの性別欄では，71種類の表現が記載されています。日本のインターネットによる調査では，7.6～8.0%の出現率の報告があります（中塚，2017）。

性別に違和感を抱き始めるのは，小学校入学前が56.6%，中学校入学前が約80%であり，自殺念慮が58.6%，自傷・自殺企図が28.4%，不登校29.4%，精神科合併症（うつや対人不安など）が16.5%と報告されています。二次性徴の出現により望まない性の特徴が身体に現れるための焦燥感や制服など学校生活の苦痛が影響しているようです（中塚，2017）。

LGBTには一般集団と比べASDが高頻度に見られるという論文が散見されますが，異論もあり相関関係は明確ではありません（Glidden et al., 2016）。

(2) アンリさんの背景にあるもの

アンリさんは，身体の性は女性で心の性（性自認：なりたい性）は男性でありFTMに該当します。DSM-5の性別違和（子どもの性別違和：Gender Dysphoria）の診断基準に合致しています（APA，2013/2014）。幼児期から自分の性への違和感を抱いていましたが，「親に申し訳ないと思った。親を悲しませるのではないかと思った。親に気持ち悪いと見捨てられるのではないかと思った」と考え，親には言えなかったそうです。学校では，「変な目で見られるのではないか。いじめられるのではないか。自分の気持ちを言ってもわかってもらえない」という気持ちを抱くようになりましたが，心の中に封じ込めてい

表7-2-1　学校でのLGBTへの対応と合理的配慮の例（事前・適宜相談：子どもと親）

・制服：	ジャージの使用・希望する制服
・体育・水泳の授業：	更衣（別室・保健室），Tシャツ，見学，夏休みなどの個別指導
・トイレ：	職員室用トイレ，だれでもトイレ，時間帯
・健康診断：	体操服を着たまま，パーテーション，時間帯
・宿泊学習・修学旅行：	別室入浴や時間帯，部屋割り
・図書館：	性マイノリティ関係の本を置く
・名簿や呼名：	男女混合，希望する通名
・卒業式：	卒業証書は戸籍名，読み上げは通名
・進路相談：	合格発表後早めに

たそうです。「自分がどのような存在かわからない，誰にもわかってもらえない」と考えるようになり，自傷行為に至ったようです。子どもがこのように考えるのには，性の多様性を認めない社会が背景にあります。

(3) アンリさんへの対応・支援

　担任と校長先生に連絡した後，校長は，アンリさんとお母さんの意向をしっかり聞き取り，職員会議で情報を共有して貰うことになりました。文部科学省の「性同一性障害や性的指向・性自認に係る，児童生徒に対するきめ細かな対応等の実施について（教職員向け）」(2016) を職員に周知し，表7-2-1のように方針を決めました。そして，性のバリアフリーを念頭において今までの校則や慣行を見直しました。学校の主な対応としては，今までの制服に加えもう一つ追加し，女子でもスラックスやネクタイが選択できるようにしました。アンリさんは，水泳の授業がどうしても受けられなかったので体調不良という理由で見学を許可し，夏休みなどの個別指導にしました。職員用トイレの使用も許可し，授業中の利用ができやすいようにすることを各教科担任で確認しました。

　アンリさんには，自分で生き方を考えることができるように，資料や本の紹

介や情報提供を行いました。

（4）対応策による介入の効果

アンリさんは，性に違和感があることは，決して珍しいことではないことを聞いてとても安心したそうです。誰にも言えず，長い間封じ込めていた想いを母親や養護教諭などにも話せるようになり，「気持ちが楽になった」と言います。学校の適切な対応のおかげで，学校生活がとても楽になり，見違えるように元気になりました。最初はジャージで登校をはじめ，制服の選択が増えてからは，スラックスの制服を選びました。日常生活の相談は，養護教諭が窓口になり担任と相談できる体制にしてもらい，気楽に相談ができるようになりました。

アンリさんは，その後も，3か月に1回受診していますが，リストカットをすることもなく元気で登校しています。

ある当事者への想い

一番うれしかったのは，「どうしてもらいたいかなあ？」とはっきりと聞いてもらえた時。みんなは色々言うけど，「わたしはわたしだから」。（20代・女性）

この事例のOne-Point

LGBTの相談を受けたら，正しい情報を伝え自分らしく生きること，自分の心のままに生きることは悪いことではないと伝えて下さい。

【文献・資料】

APA. (2013). Diagnostic and statistical manual of mental disorders, the 5th edition: DSM-5. Washington, DC: American Psychiatric Publishing. 日本精神神経学会．（2014）．DSM-5：精神疾患の診断・統計マニュアル．東京：医学書院．

Glidden, D., Bouman, WP., Jones, BA., Arcelus, J. (2016). Gender Dysphoria and Autism Spectrum Disorder: A Systematic Review of the Literature. Sex Med Rev. 4(1), pp.3-14.

一般社団法人 発達障害支援のための評価研究会．（2013）．PARS-TR（親面接式自閉スペクトラム症評定尺度 テキスト改訂版）．スペクトラム出版．（2018年4月25日より，金子書房）
はやしみこ（著），金原洋治（医学解説），かんもくネット（監修）．（2011）．なっちゃんの声：学校で話せない子どもたちの理解のために．学苑社．
はやしみこ（著），金原洋治（監修），かんもくネット（編集）．（2013）．どうして声が出ないの？：マンガでわかる場面緘黙．学苑社．
Kagan, J., Reznick, J. S., Snidman, N. (1987). The Physiology and Psychology of Behavioral Inhibition in Children. Child Development. 58(6), 1459-1473.
金原洋治．（2018）．開業小児科医を受診した選択性緘黙の臨床像と短期予後．子どもの心とからだ．27(1)，54-58．
かんもくネット．（2011）．場面緘黙質問票．かんもくネットホームページ．http://kanmoku.org/tool.html
文部科学省．（2016）．性同一性障害や性的指向・性自認に係る，児童生徒に対するきめ細かな対応等の実施について．
中塚幹也．（2017）．封じ込められた子ども，その心を聴く：性同一性障害の生徒に向き合う．ふくろう出版．
融 道男・小見山実・大久保善朗・中根允文・岡崎祐士（監修）．（2005）．ICD-10　精神および行動の障害：臨床記述と診断ガイドライン新訂版．医学書院．

【参考資料】

遠藤まめた．（2016）．先生と親のためのLGBTガイド：あなたがカミングアウトされたなら．合同出版．（pp.110-147）

3 身体表現性障害など

大賀由紀

> **事例**　「学校検診で視力低下を指摘された，ミサキさん」のケース

1 プロフィールと主訴

（1）ミサキさんのプロフィール

　ミサキさんは通常学級に在籍している小学3年生（9歳）の女の子です。満期産3,080gで出生し，運動発達や言語発達に遅れはなく，乳幼児健診で異常を指摘されたことはありませんでした。幼稚園に3年間通いましたが，園の生活に慣れるのに時間がかかり，一人で遊んで過ごすことが多かったようです。運動会や発表会など，多くの人が集まる行事は苦手で参加を嫌がっていました。
　小学校入学後は，友だちとのコミュニケーションがうまく取れず孤立することがあり，泣いて登校を渋るようになりました。母親はなんとかなだめて，一緒に登校するなどして学校を休ませないようにしていました。小学2年生になり学校生活にも慣れ，情緒的にも安定してきたように思われていましたが，家庭では友だちから意地悪されると泣き，自分の髪の毛を抜く行為が見られていました。小学3年生で初めて男性の担任となり，「給食を残さないように」と指導され，好き嫌いのあるミサキさんは給食の時間も苦痛になってきていました。授業でグループでの話し合いになると固まってしまい，「先生や友だちの言っていることがわからない」と言うようになっていました。
　母親はミサキさんの訴えを聞いてはいましたが，どうしてよいかわからずきつい言葉をかけてしまうこともありました。ミサキさんも帰宅後，泣いて暴れ

二次障害への理解と対応　第7章

て手が付けられなくなることが増えてきました。

　家族は会社員の父親と専業主婦の母親との3人ですが、近所に母方祖母が住んでおり、母親の育児について常に口出ししていました。父親は仕事が多忙で帰宅が遅くミサキさんと関わる時間はほとんどありませんでした。母親自身も人とコミュニケーションを取るのが苦手と言い、ミサキさんを出産後心療内科に通院の既往がありました。

（2）主訴

　主訴は「心因性視力障害の疑いがあるので、眼科から小児科を受診するよう勧められた」ということでした。小学3年生の1学期に行われた学校検診の視力検査で再検査となり眼科を受診したところ、目の異常はないので心因性が疑われると説明されました。眼科の診察で視力低下の原因となるような器質的異常はありませんでしたが、眼鏡で矯正しても視力が出ず、視野検査でらせん状視野（図7-3-1）を認めました。

　それから1か月後、ミサキさんは「目の検査を受けに行く」と説明され、小児

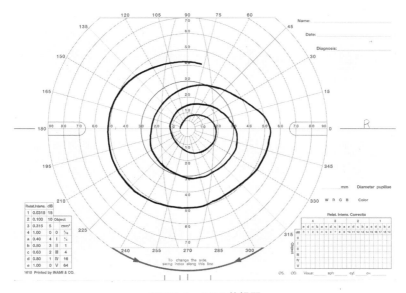

図7-3-1　らせん状視野

科を受診しました。

2 事例解説

(1) 一般的にいわれていること

　身体症状を認めるものの，その原因となる器質的身体疾患が見つからない病態に対する診断名として，DSM-Ⅲ以来「身体表現性障害」が用いられていましたが，DSM-5で「身体症状症および関連症群」と改訂されました（磯村，2017）。その下位項目には，身体症状に不釣合いな苦痛や不安が持続する「身体症状症」，身体症状を伴わず健康に対する強い不安を示す「病気不安症」や「変換症／転換性障害」，「作為症／虚偽性障害」などがあります（表7-3-1）。転換性障害は，心理社会的ストレスに関わって，運動器症状・感覚器症状・けいれん発作などの身体症状が出現する疾患で，さまざまな葛藤が抑圧されて精神症状として意識化されることなく，身体症状に「転換」されたものと考えることができます。運動器症状として，失立・失歩・失声などがあり子どもでは歩行障害の訴えが多いとされています。感覚器症状は，知覚異常，視覚障害，聴覚障害などがあります（小柳，2010，本城，2010）。

　転換症状としての視力障害は，小学校中高学年から中学生にかけての思春期に多く見られ，女児に多い傾向があります。診断のためには，まず眼科で器質的異常がないかの確認が必要です。視力検査では，両眼性の同程度の視力低下（0.4～0.6程度が多い）を認め，検査のたびに視力が変動しやすい傾向にあり，トリック検査（実際には度数のないレンズを入れる）で視力が改善することもあります。視野検査では，計測していくうちにだんだんと見える範囲が狭くなっていく，らせん状視野や求心性視野狭窄が特徴です（神谷，2006）。

　治療は，本人や家族に病状や予後（これからの見通し）について説明し，背景にある心理社会的な要因を改善していきますが，ストレス対処法を身につけていくアプローチも重要です。必要に応じて学校にも説明を行い，環境調整の協力を依頼します。多くのケースはこのような対応で症状は改善しますが，器質的疾患がないかを常に念頭に置きながら経過をみていくことが大切です。

表7-3-1　身体表現性障害(DSM-Ⅳ)と身体症状症および関連症群(DSM-5)の比較

DSM-Ⅳ　身体表現性障害	DSM-5　身体症状症および関連症群
身体化障害 鑑別不能型身体表現性障害 疼痛性障害	身体症状症
心気症	病気不安症
転換性障害	変換症／転換性障害
	他の医学的疾患に影響する心理的要因
虚偽性障害 (＊身体表現性障害とは異なるカテゴリー)	作為症／虚偽性障害
	他の特定される身体症状症および関連症

(磯村(2017)より一部改変)

ミサキさんのように，二次的に生じる症状出現をきっかけに発達障害に気づくことがあります(桃木，2018)。発症の背景を丁寧に検討していくことが必要です。

(2) ミサキさんの背景にあるもの

家庭では視力低下が疑われるような様子が全くないところに，学校検診で精密検査を受けるように言われ，さらに目に異常はなく心因性であると告げられ大変驚いて小児科を受診しました。頭部MRI検査を受けましたが異常所見なく，生育歴や学校生活での困り感から，発達特性を確認するための検査を受けることになりました。

WISC-Ⅳでは，FSIQは92で知的水準は平均でしたが，VCI 82, PRI 98, WMI 97, PSI 104と「言語理解(VCI)」が低く，その中で「理解」が低値でした。PARS-TRでは，幼児期ピーク得点14点，児童期得点23点であり，また特定の服しか着ないという感覚過敏やこだわりを認め，自閉スペクトラム症(ASD)と診断を受けました。

幼児期から集団生活での困り感がありながら発達特性に気づかれることなく

過ごしてきましたが，小学校入学後，先生や友だちとうまくコミュニケーションが取れないこと，学習についていけなくなってきたことなどに加え，苦手な給食を残さず食べないといけないというストレスが加わり，抑圧されていた葛藤が視力障害という形で表されたと考えられました。

（3）ミサキさんへの対応・支援

小児科では，以下のような対応策を考えました。

> ① 本人と家族，学校への病状説明
> ② 発達特性に応じた在籍クラスでの支援と通級指導教室の利用

ミサキさんにはまず，目には大きな病気はないので安心するようにと説明がありました。しかし，学校生活で困っていることがあるので，これから一緒に解決していきましょうと伝えられました。

家族には，「目の症状が出現した背景にはASDがあり，集団生活に適応できないためストレスをため込んでいると考えられます。ミサキさんがどのような発達特性をもっていて，何に困っているかを理解していくことが必要です」と説明がありました。そして，担任にもミサキさんの特性について説明がなされ個別の支援をお願いしました。

通級指導教室には毎週1時間通い，コミュニケーションスキル，学習支援を受けることになりました。また通級での指導内容については母親と共有することで，母親自身の困り感についても相談できるようになりました。

（4）対応策による介入の結果

初めは，在籍校とは別の通級指導教室に通うことに抵抗があったミサキさんでしたが，先生方の配慮で次第に楽しく通うようになりました。学校での困り感を上手に言語化できないため，母親はミサキさんの思いを手紙で担任に伝え，それを受けて担任も個別の支援をするようになりました。友だちとのトラブルにも適切に介入し，ミサキさんが学校生活を送りやすいように工夫してくれました。少しずつ登校を渋る回数が減り，「学校が楽しい」という言葉が聞かれる

ようになってきました。

　母親は眼の症状が出る前から，ミサキさんへの接し方について悩んでいましたが，具体的な対処法を聞くことで不安が減り，子育てに自信が持てるようになってきたと表情が明るくなってきました。初診から半年後の眼科診察では，視力も回復し，らせん状視野も消失していました。しかし，ミサキさんがこれからも学校生活に適応していくために，引き続き小児科に通うことになりました。在籍校での個別支援と通級指導教室も継続することにしました。

ある当事者の想い

視力が落ちて眼科に行ったら，小児科を受診するように言われ，初めはびっくりしました。病院でどんなことをするのだろうと怖かったですが，検査で何も異常がないと言われ安心しました。何回か小児科に通っているうちに，視力も戻ってきて眼科の治療も終わりました。小児科でいろいろ気になっていることを話すことができて良かったです。(20代・女性)

この事例の One-Point

**転換症状の背景に，未診断の発達障害がないかを念頭に，
生育歴をしっかり確認しましょう。**

【文献】

本城秀次．(2010)．転換性障害．齊藤万比古（総編集）．子どもの身体表現性障害と摂食障害．39-50．中山書店．

磯村周一．(2017)．身体症状症の概念．精神科治療学．32（8），991-995．

神谷和孝．(2006)．知っておきたい医学の知識Q&A，心因性視力障害について．心とからだの健康．10，76-78．

小柳憲司．(2010)．転換性障害．子どもの心とからだ．19（2），136-140．

桃木恵美子．(2018)．身体表現性障害（疼痛性障害を含む）．小児科．59（5），583-586．

| 解説 | 見過ごせない問題，二次障害 |

川上ちひろ

　この章では二次障害を取り上げましたが，植木田は「他者と生きるうえで必ず生じる摩擦がありお互いの折り合いの困難から二次障害が生じる」と説明しています。このような定義であれば，集団の中で生きる私たちにとって，二次障害は誰にでも起こりうるものといえるでしょう。樋口氏の家出，万引き，暴力，自傷行為を示した女の子の行動は外在化障害にあたります。大賀氏の身体表現性障害は二次障害に関連した精神医学的な問題です。近年多くの女性当事者による回想記が発行されていますが，二次障害と考えられる状況が散見されます。ですから発達障害のある女の子や女性には，幼少期から二次障害予防を意識した関わりが必要ではないかと考えています。

　また金原氏の事例の1つはLGBTが一つのきっかけで二次障害に至った事例です。LGBTは単に趣味嗜好のことではなく，医学的に一種の疾患や障害であるという理解も不可欠で，発達障害との関連では障害の受容と性の受容の混同についても指摘されています。LGBTは近年日本でも話題に出ることが多くなってきましたので，今後この分野の研究が進むことを期待しています。

　発達障害のある女の子や女性にとって二次障害につながる原因はいくつもあり，第2章（「からだ」からの理解と対応）でもわかるように，セルフモニタリングが苦手で自分の体調変化に気がつきにくいことがあります。また第3章（「こころ」からの理解と対応）でも，とても感受性が強く表現がうまくできないこともわかります。第4章（「関係性」からの理解と対応）でも，人間関係がうまく構築できない様子がうかがえます。ある意味どの面から切っても，二次障害になる可能性を秘めています。「からだ」を例にとると，ストレスがかかり始めた，身体が疲れ始めた，夜寝られなくなったなどの変化がうまく察知できず，ストレスや疲れを溜め込んでしまい，気がついたときには限界を越え，最後に"爆

発‼（二次障害の発生）"するのでしょう。ストレスや疲れを感じても，もっと頑張らなければいけないと思い込んでいたり，ストレスや疲れを他人にどう伝えていいかわからないまま時が過ぎることもあります。さらにストレスや疲れの解消だと思っていたことが，余計に疲れを招いていたこともあります。学校や職場の疲れを癒すために，パソコンでゲームをしたり動画を見たりして深夜まで時間を費やし，睡眠不足で疲れがリセットできないまま翌日を迎えることを繰り返す人もいます。ただでさえ「からだ」も「こころ」も緊張状態で過ごしていて，ギリギリの状況で何とかバランスをとっているので，少しのきっかけでも容易にオーバーフローして二次障害の症状としてあらわれます。

　幼い頃から発達障害のある子はがんばることを要求され，がんばれば褒めてもらえる，そうやって育てられてきました。しかし"がんばりすぎない"方法は，誰からも教えてもらえません。ですから，大人になってから「ライフワークバランスを意識してうまくストレス発散できるように生活しましょう」と言われても，到底無理な話でしょう。

　「がんばらない」ことはダメなことだと一般に思われがちですが，実は多くの人はがんばりすぎない方法を知っています。しかし，"がんばりすぎない"ようなほどほどのがんばりや，力を抜いたりする方法は他人に見せないものなので，発達障害のある人は気がつかないのかもしれません。

　幼い頃から"がんばりすぎない"ことができるようになれば，二次障害予防につながることが期待できます。第8章で紹介する発達障害のある女の子・女性を対象にした集まりは，同じような立場の仲間が集いリラックスできる場を確保しています。ふるまいやスキルを学ぶことも大事でしょうが，気兼ねせず何でも話せる，自分らしくふるまっても小言を言われない自由な場も必要です。普段は社会の中で"普通の女の子や女性をがんばって"演じている女の子・女性たちが，自分を取り戻すためにリセットできる空間が不可欠だと思います。

【文　献】

植木田淳　二次障害の理解と対応　http://icedd.nise.go.jp/pdf/lecture/lecture-list/lecture-list019.pdf（2018年12月21日確認）

第8章 現場で取り組まれている発達障害のある女の子・女性の支援プログラム

1 楽しむことをベースにした「アスペガールの集い」

木谷秀勝・岩男芙美

1 はじめに

　筆者（木谷）は，高機能ASDの長期予後を研究してきました。その過程で，幼児・学童期から継続して支援してきた高機能の女性ASD（以下，18歳未満の場合でも「女性」と表記）や，青年期以降に支援に関わった高機能の女性ASDが増えるにつれて，彼女達が抱える特有の悩みや不安（これらは，既に紹介されているが）が多いことを痛感しました。

　そのなかでも，高機能の女性ASDが，安全かつ安心して語り合える機会がほとんどないことから，福岡市にある「なかにわメンタルクリニック（院長・中庭洋一）」と福岡市自閉症児者親の会高機能部会「たんぽぽ」（小田陽子会長）の協力の元，2016年8月から3，4か月に1度のペースで，「アスペガールの集い」を始めました（岩男ら，2017）。

　本節では，「アスペガールの集い」の活動を報告すると同時に，この活動からわかる高機能の女性ASDに対する支援のあり方について検討します。

2 「アスペガールの集い」の概要

　以下に示す目的を理解してもらったうえで，筆者（木谷）が長年支援している高機能の女性ASDや親の会から参加者を募り，活動を始めました。

（1）目的

　最初の活動案内には，次のような目的を書きました。「今回，女性の自閉症スペクトラム障害児者のための『自己理解プログラム（日帰り研修）』を企画しました。その大きな目的は，副題にも示したように『人間として，女性として，ちょっぴりアスペガールとして』です。頑張るためのスキルだけでなく，個々が持つ女性らしさを活かすスキル，そしてアスペガールだからこそ発揮できる生き方を再発見するための『自己理解プログラム』です。これまでの自分を見つめ直しながら，これからのアスペガールとしての自分の生き方への一助になるための，第一歩のプログラムを進めていきます。」

　この目的からわかるように，発達障害を抱える当事者という視点から離れて，参加者の個性を尊重しながら，1人の人間として，その個性を生かす役割の1つである女性というジェンダーを重視しました。ただし，この場合の女性としてのジェンダーは，けっして形式ばった旧来の規範内容ではなく，参加者一人ひとりの生き方に適した多様性・自由度のある個「性」として「自分らしい生き方」を大切にする意味として考えています。

（2）参加対象者

　原則として，参加以前の段階で専門医からの診断（ASD，アスペルガー症候群，高機能自閉症，広汎性発達障害（PDD）を含む），並びに本人告知を受けている13歳（中学1年生）から青年期までの高機能の女性ASDを対象としました。第1回の活動では，参加者は6名（14歳～22歳）で，2018年度時点では12名が登録しています。

　なお，活動の参加にあたっては，個人情報等の保護や学会報告等への承諾を得るために，事前説明と合わせて，本人と保護者からの同意書を確認したうえで参加を承認しています。

（3）活動の流れ

　会場は，安全性や安心感ある空間を保証するために，医療機関のプレイルームやショートケアの部屋を借りて行っています。

表8-1-1　「アスペガールの集い」の主な活動内容

	主な活動内容
第1回	「こころ」と「からだ」のバランス, リラクセイション体験
第2回	自己紹介すごろくを活用したおしゃべり, コグトレ(宮口, 2015)
第3回	自分自身の「アバター」の紹介
第4回	冬の季節で, 自分自身が一番快適に過ごせる肌着を探そう
第5回	新学期を迎えて, 新しい環境の中でうれしかったこと, 疲れたこと
第6回	ネイルで自分らしさを表現しよう

①参加者のペースに合わせてスタート

　活動は日曜日の午前10時から始めますが, 参加者のその日の体調や化粧による遅刻もあるので, 最初の30分は自己紹介や身体を動かすストレッチやヨガを行いながら, 全員がそろうまでゆったりと過ごしています。時間通りに慌てて来ることよりも, 自分のペースに合わせた時間感覚で参加することが大切です。それは, ゆったりとした自分時間で参加することで, その日の体調を自分自身でも把握しやすくなるからです。また, 会場の明るさの調整から始めて, 自分が落ち着くために持参したグッズなどを側に置くことやリラックスできる座り方(床に座るため)で問題ないことも伝えています。確かに, 多くの参加者が胡坐を組むほうが楽なこともあり, 服装によってはひざ掛けや, 冬は毛布も用意しています。

　だいたい全員がそろった段階で, 表8-1-1に示す活動を始めます。そこでは, 何かを学び取ることや社会性のスキルを獲得するといった内容よりも, 自分の「こころ」と「からだ」の状態, しかも季節ごとや自分の生理周期の身体の変化を中心に, 自分自身で感じ取る体験を重視しています。

②花より, ダンゴ

　表8-1-1に示した活動も, 時間通りよりも, 全体の雰囲気を察しながら進行した後, いよいよメイン(？)になる昼食とスイーツタイムの準備に入ります。

　スタッフを入れて総勢15名前後の昼食とスイーツを, 限られた予算でスタッフと一緒に買い出しに出かけます。参加者は昼食班とスイーツ班に分かれます

が，どちらかの班に必ず入ることを強要しません。その理由は，この活動に参加するために，前夜から気持ちが昂るために睡眠が不十分なまま参加する場合や，いつもの休日はゆっくりと睡眠を取っていても，この活動に参加するために，早起きする場合もあります。そのため，周囲が予想する以上に，午前中の90分あまりの活動でも心身ともに疲れている場合があるからです。

　こうした状況を加味しながら，一人ひとりがどうするかをスタッフと一緒に考えて，「昼食を買いに行きたい」「休憩しておきたい」と自分から言語化してくれたことを尊重しています。最終的には，参加者が「笑顔で家に帰る」ことも，この活動の大きな目的としています。

　それぞれの役割が決まったら，昼食やスイーツの買い出しに出かけますが，特にスイーツ班がなかなか時間通りに帰ってきません。その分，自分の好みだけでなく，参加者全体の好みも考えながらの買い物となっています。また，蛇足ですが，スイーツと言いながら，なぜかサラミやさきいかといったおつまみ（？）といった食感の物を好む傾向があることも興味深い発見です。

③無理なく笑顔で過ごす午後

　こうしたのんびりした雰囲気のため，昼食が午後1時過ぎになることが大半です。しかも，昼食からスイーツタイムにかけて，持参した自分らしい感覚で選んだ服装（コスプレもOKにしている）や化粧（女性スタッフが指導）を済ませてから，始めています。化粧に関しては，じっくりと時間をかけ細部まで化粧する参加者から，その時間は席をはずしたいと感じる参加者まで様々で，ここでも参加者の自己決定が最優先されます。活動の進め方として，決して無理強いせず，別室に移るなど，自己調整できるような場の設定を行うことが大切です。高橋ら（2011）が発達障害者を対象に，身体症状に関して行った調査では，「化粧品のにおいがとても苦手である」と多くの当事者が報告しています。つまり，スキンケア／メイクアップ問わず化粧品の匂いや触感が耐えがたい女性もいるかもしれません。参加者のASD特有の感覚過敏への可能性も念頭において考える必要があります。こうした感覚面への配慮をスタッフで共有し，積極的に本人に尋ねる必要もあります。ちなみに，スタッフには化粧をするには暗く感じられても，蛍光灯を消して自然の光だけで十分なようです。

そんな自由な雰囲気の中で，ガールズトークも盛り上がり，途中から唯一の男性である筆者（木谷）も離れるようにして，本当に障害特性があるなしに関係なく，女性だけで話す時間がエンドレスに過ぎていくことがほとんどです。

第2回の活動以降，昼食とスイーツタイムで活動の終わりになることが多くなり，ガールズトークの途中でも，参加者によっては疲れや食べ過ぎから気分が悪くなることもあるので，適度に休憩を取りながら，無理なく最後のまとめで筆者らが話をして，解散することにしています。

（4）ある日の活動の様子

ここでは，第4回「冬の季節で，自分自身が一番快適に過ごせる肌着を探そう」をテーマとした活動の様子について報告します。

この活動を続ける中で，自分に似合う色合いのファッションを考え準備してきたり，活動に合わせて髪型をイメチェンしてきたり，スタッフに自己流の化粧の仕方が合っているのか尋ねたりする参加者が増えています。ところが，こうした外見の服装や身だしなみの話題以上に，盛りあがる話題が，肌に直接触れる肌着類についてです。肌着については，各々が身につけてみて良かった商品や工夫を，普段は発言が少ない参加者も，積極的に報告してくれるのが印象的でした。それだけ参加者にとって肌感覚が重要であることがうかがえます。

ある青年期の参加者は，「もっとも肌に近いものにこそ，多少高くてもお金をかけたほうが良い。でないと一日を棒に振るから」と教えてくれました。様々な肌着を試し，締め付けがなく肌に当たる感覚がソフトなものを選んで揃えたそうです。その商品に出会うまでは，締め付けが気になり，人の話に集中できないばかりか，息を吸いづらく，長時間着用するとひどい肩こりや頭痛に見舞われていたと報告してくれました。ストッキングやタイツもまた，直接身につけるものです。これも，縫い目がないものを探す必要があったそうです。この日の活動では，希望者は女性スタッフとともに，実際にお店に行って自分に合う製品かどうか試着し，購入する体験もしました。

（5）女性スタッフの役割

この活動に協力してくれる女性スタッフの役割は重要です。先に述べたよう

に，筆者（木谷）だけが男性（と言っても，小さい頃から支援している参加者もいて，あまり男性と思われていません）で，他は全員女性で，発達障害臨床に関わっている臨床心理士や木谷研究室の女性の大学院生が参加しています。

この女性スタッフの役割は2点あります。第1に，参加者の自己決定を促進してくれるファシリテーターの役割です。その日の活動の基本計画を事前に作成しても，実際は，その日の参加者の構成や体調，あるいは天候によって活動の流れが影響を受けます。そのため，参加者が会場に来た瞬間から，担当スタッフ（参加者1，2名に1人のスタッフを担当として付けています）がその日の体調を確認しながら，活動にどのように参加するかを一緒に考えてもらっています。しかも，できるだけ参加者自身の自己決定を尊重する姿勢を重視します。また，「どうしたらいいか，わからない」と言語化できたこと自体も丁寧に評価しながら，最終的には筆者（木谷）と一緒に解決方法を考えるようにしています。

第2に，お姉さんモデルの役割です。男性ではわからない不安や悩みを，筆者（木谷）に代わって，女性スタッフが自分自身の体験も開示しながら，まさにお姉さんとして，妹たちに「こころ」のこと，「からだ」のこと，そして化粧までを一緒になって悩んでくれたり，一緒に喜んでくれる存在は重要です。しかも，スマホの利用の仕方や流行のゲームの話を含めた「今どきの」ガールズトークの際に話を盛り上げてくれる存在としても重要です。

3 「アスペガールの集い」の成果

こうした活動の成果として，2つの視点から検討します（岩男ら，2017）。

(1)「自分らしさを取り戻す」時空間の保証

活動の成果として，「『自分らしさを取り戻す』時空間の保証」が活動を支えてきたことは明らかです。具体的には，次の3点です。

①女性特有の「煩わしさ」からの開放

思春期以降，すべての女性は急激な心身の変化とともに，社会的に"女性として当然すべき"課題も増えます。衣服や下着，化粧，月経に伴う心身不調な

どが"煩わしさ"として語られ，女性スタッフと経験を共有する過程を通して，「煩わしさ」から少しであっても解放される時空間が保障されました。

②**女性だから可能な「色々な自分」の表現**
　参加者は「自分らしく」，気に入った服装を持ち寄って交流します。色々な自分の姿を評価してもらえる体験から，自信を育むためのきっかけになる時空間が保障されました。

③**ガールズトークに「自分の距離」で参加できる安心感**
　他者を否定することなく，「話す－聞く」役割をとりながら和やかに関係が築かれました。その関係性の過程から，自分なりの距離を保って，安心して「ガールズトーク」に参加する時空間が保障されました。

(2)「アスペガールの集い」から見える女性ASDが抱える課題
　2年間の活動を通して，「女性でありASDである自分らしく生きる」ことを大切にするからこそ生じる葛藤があることがわかってきました。具体的には，次の3点です。

①**同じ女性ASDにも「自分らしさの表現方法がわからない」不安感**
　参加前に，「自分と同じタイプは参加しますか？」と尋ねる女性ASDがいました。性的違和を抱える女性ASDの場合，他の参加者の服装などに強く過敏になっています。これらの反応から，「自分らしさの表現方法がわからない」不安の強さが見られます。

②**女性である自分への違和感・嫌悪感との葛藤**
　女性ならではのプログラムに対して抵抗を示す参加者もいました。思春期に入った女性ASDは，「女の子らしく」いることを求められがちですが，具体性がないことも多く，それまでの自分の生き方とは異なるやり方を求められることは，否定された体験にもつながりかねません。

③一番身近な家族にさえわかってもらえない不全感

女性ASDは,家族から期待される社会性と行動が男性よりも高度であると言われています。家庭において,「自分らしさ」の表現手段をもつ前に「女性らしい」行動を求められることが重なると,家族にさえわかってもらえない不全感につながりやすくなります。

おわりに

第1章で述べたように,「アスペガールの集い」から明らかになった女性ASDの新たな視点や疑問が今回の企画のきっかけとなっています。この活動の参加者を見ていると,「"gender-creative journey"として,ありのままに自由に探索(creative)しようとする主体性あるジェンダーのあり方」(木谷,第1章[2])を模索しながら,そして苦悩しながら成長してきた当事者であることがよくわかります。それだけに,参加者だけでなく,スタッフも一緒に新たな生き方に同行することが,「けっして一人ぼっちじゃない」安心感を抱きながら,それぞれの道を歩むきっかけとなっていることが実感できています。

実際に,この活動に参加している双生児が,それぞれの特技を活かした社会貢献活動を始めました(https://twin-aspies.jimdo.comを参照)。また,社交不安が強い参加者が,自分の障害や好きなイラストの世界を活動の中で公開したい意欲を高めて,ドキドキしながらも発表してくれました。確かに,参加者全員が前向きになっているわけではありませんが,こうした「自分らしさ」を表現できる活動が,少しでも参加者の新たな生き方に貢献していることは確かです。

【文献】

岩男芙美・豊丹生啓子・土橋悠加・牛見明日香・飯田潤子・木谷秀勝・中庭洋一.(2017).青年期の女性ASDへの「自己理解」プログラムの試み.第58回日本児童青年精神医学会総会発表.

宮口幸治.(2015).コグトレ みる・きく・想像するための認知機能強化トレーニング.三輪書店.

高橋智・石川衣紀・田部絢子.(2011).本人調査からみた発達障害者の「身体症状(身体の不調・不具合)」の検討,東京学芸大学紀要 総合教育科学系Ⅱ,62,73-107.

2 東京都自閉症協会「ASN」・世田谷区「みつけばルーム」の実践
—— 発達凸凹のある若者サポートの現場から

尾崎ミオ

1 はじめに

（1）「ニンゲン社会の陰謀」という妄想

　むかし，むかし。そのむかし。
　地球が，まだニンゲンに侵略されておらず，もっと碧く輝いていたころ。地球を愛するアスパーガールたちは，みどり深い森の中，ケダモノたちと共にゆったり穏やかに暮らしていました。
　そのころの地球は，今よりもっと陰影に富み美しく，神さまの気配が身近にありました。色とりどりの個性的な生物たちはごく原始的なルールに基づいて，均衡を保っており，世界は自然に構造化されていたのです。
　夜は深く暗く，生命の気配以外に無駄な情報はなく，あたたかな静寂に包まれていました。昼はきらきらと好奇心を刺激する魅力にあふれており，アスパーガールたちは愛と冒険に，ときめく日々を過ごしていました。

　ところが愚かなニンゲンたちは，いつしか自然との共生をおろそかにしはじめ，「ニンゲン社会が世界の中心にある」と，壮大な勘ちがいをしてしまいました。無神経にコミュニティを拡大し，ニンゲンたちだけに都合のいいルールを勝手につくりだし，傍若無人にふるまいはじめたのです。
　さらに，自分たちのコミュニティを維持していくために，ニンゲンは「社会性」という不思議な概念を生み出します。コミュニティを拡大させていくためには，経済活動を高めていく必要がありました。そのためには，ニンゲンを均一化し，効率よく管理し，勤勉な労働者を育てていくことが優先されたのでしょう。「ニンゲン社会」が絶対化されていくと同時に，どんどんルールは複雑

になりました。世界は情報であふれ，やがて都市はよるひる眠らない喧騒に包まれていきました。

　そして，いつしか「複雑なルールを理解し社会に参加するためには，コミュニケーション力が高くなければならない」という，これまた不可思議な暗黙の了解が，まことしやかに信じられるようになったのです。
　いったいそれが何のためなのか議論されることもなく，自由にゴキゲンに生きることより，社会に協調し労働者として貢献することが重んじられる価値観が，ごく自然に「あたりまえ」になってしまいました。やがて，勤勉な労働者から規格外のニンゲンは「障害者」としてカテゴライズされるようになりました。効率よく労働者を管理するためには，コントロールし難いニンゲンを分別する必要があったのです。
　多くのケダモノたちとアスパーガールにとって，苦難の日々がはじまりました……。

（2） アスパーガール「野兎として生きる」

　物心ついたころから，「何かがおかしい」「何かがちがう」と違和感を持ち続けていた。地球の都市部は居心地の悪さに満ちている。学校という矯正施設では，先生のキグルミを着た悪魔たちが，「普通のニンゲンになれ」と洗脳してきた。「普通のニンゲン＝標準化された労働者」になるためには，感受性のアンテナをオフにし，あらゆる思考を停止し，無条件に従う必要がある。けれども，いったん脳内に「NO」という信号が点滅すると，行動を抑制できないアスパーガールにとって，普通のニンゲンに変身するのは容易ではなかった！　時には掃除のバケツをひっくり返し，時には消火器をふりかざし，学級会を紛糾させ，ありとあらゆる手段で反逆を試みながら，「みんな騙されている」「世界を救わなければならない」と本気で思っていた。
　結果，通っていた高校を追い出されることになったが，後悔することはなかった。灰色の校舎の中で，灰色の同級生たちに混ざって，灰色の日々を過ごし，勤勉な労働者になるより，ちがう風景がみたかったから。
　呪文がある。「野兎になるってことは何を意味しているのであろうか？　それ

はあらゆる力を失うことを意味する，それは誰もが誰に対しても力を持たないことを意味する」(Kundera, 1998)。

強さを求めては闘いマウンティングを繰り返すニンゲンよりも野兎のイデオロギーを選ぶことを，そのころ私は決意した。

発達凸凹のある若者のためのピアサポート活動

（1）アダルト・スペクトラム・ネットワーク（ASN）について

2005年，NPO法人東京都自閉症協会に発達凸凹当事者によるピアサポート活動「アダルト・スペクトラム・ネットワーク（ASN）」をスタートさせたのも，「野兎的イデオロギー」に由来する。

ドロップアウトしがちな発達凸凹の人たちを，とにかく「勤勉な労働者めざして，社会に適応させる」というメジャーな支援に疑問をもったからだ。その根底には，「社会に参加することが善である」という思考停止の価値観が漫然と存在している。実際には，「なんとか普通のニンゲンになりたい…」と健気な努力を続けた結果，あえなく挫折しうつ病になったり，不登校やひきこもりになったり，就労できたとしても劣等感に苛まれ，苦しんでいる仲間たちがたくさんいるというのに。

ASNでも，「学校でいじめられた」「職場でパワハラにあった」「DVを受けている」など，悲鳴のような現実が語られることが多い。近代社会で求められる「社会性」「コミュニケーション力」のハードルは高すぎて，ちょっとやそっとの努力では，とても太刀打ちできないのだ。にもかかわらず，「社会性」神話に疑いをもたない多数派の価値観を押しつける支援は，パターナリズムに陥りやすく，発達凸凹のアイデンティティを混乱させる。

そんな現実の中，発達凸凹当事者がどうやって生き延びるのか。私たちはもっと深く考えなければならない。そのためのヒントを仲間たちと共に探すことができる場として，ピアサポート活動の存在価値があると思う。

(2) コンセプトは「自閉症らしく」

　ASNの方向性を決めた幸福な出会いは2006年にさかのぼる。

　当時，日本自閉症協会では発達凸凹の支援活動を行う団体が集まるネットワーク会議を行っていた。全国から参加する団体は，ほとんどが発達凸凹の子をもつ母親たちによって運営されており，我が子の「早期支援による社会適応」をめざして，SSTプログラムを開発したり，療育メソッドを実施したり，徹夜もいとわない献身的な努力が報告された。

　にもかかわらず，力の入ったプレゼンテーションに対して，総括を行うスーパーバイザーは，強烈なコメントを言い放った。

　「お母さんたちがそんなに力入れて，がんばらなくていいんじゃない」「もっと，自閉症らしさを楽しんだらいいのに」。

　私はその会議に，ASNでピアサポートを担当する発達凸凹当事者スタッフと参加していたが，団体のプレゼンを苦い顔で聴いていた彼らの顔が，パッと明るくなったことを覚えている。苦しい努力を重ね社会適応をめざすのではなく，「自閉症らしさを楽しむ」ことを優先する。その時のスーパーバイザー，木谷秀勝先生の言葉は，そのまま私たちのコンセプトになった。

　以降，私たちはピアサポートの活動を通じ，「自閉症らしさを大切にしながら，どうやって社会にコミットしていくのか」を模索し続けている。

(3) 世田谷区受託事業「みつけばルーム」

　「みつけばルーム」は，主に15～25歳の発達凸凹の若者支援の場として，東京都自閉症協会が世田谷区から受託し，2016年スタートした。ASNと同じくピアサポートをコンセプトにしており，スタッフのほぼ全員が発達凸凹の当事者だ。2017年には厚生労働省のモデル事業にもなり，全国にその取り組みを発信することができた。

　スタートしてしばらくは「生きづらさの解消」や，そのための「自己認知」をコンセプトにしていたが，ほどなく，軌道修正を行うこととなった。「みつけばルーム」にあらわれる若者たちは，学校などふだんの生活の場で，想像以上に自分を抑制して生活していることが，見えてきたからだ。

「自分の趣味を話すとひかれる…」「本音を語ると仲間外れにされそう」「バカにされるのでは」など，自分にブレーキをかけるクセが日常化している。自己表現ができなければ，自分の気持ちを言語化することはおろか，主体的な意思表示を行うこともできなくなる。そのため，アクセルがふめず前に進めなかったり，中にはエンジンのかけ方すらわからなくなっている子もいた。

彼らが主体的に次のステップへ進むために必要なのは，まず思いのままに自分を表現し，受けとめられる経験であると考え，「自己認知」⇒「自己表現」にシフトチェンジを行った。これまで，発達凸凹のあくなき探究心を存分に発揮できる「リュケイオンの散歩道」，宇宙人とのコミュニケーションを仮想的に体験する「宇宙人類学入門」，「結ぶこと」にひたすらこだわった「ロープワーク・むすびば」，車のヘッドランプなどを磨く「みがきば」などなど，ピアサポートならではの感性で，自由な表現を何よりも大切にしたプログラムを実施してきた（第6章［1］参照）。

（3）ASN参加者と，「みつけばルーム」利用者

実は，ASNの参加者と，みつけばルームの利用者には，連続性が薄い。

「みつけばルーム」の利用者は10〜20代なので，ほとんどが子どもの頃に診断を受けている。不登校やいじめなどネガティブな経験をしている人も多いが，ASNの参加者ほどハードなサバイバルはしていないため，二次障害があっても重篤ではない。自己表現が強くなくとも，ベースにある発達凸凹がわかりやすく，ピュアな印象を受ける。

一方，ASNのコア層は30代以降で，いわゆる「中途診断」と呼ばれる人たちが大半をしめる。ニンゲン関係の摩擦やトラブルを経て，自ら「もしかしたら障害があるかも」と気づいたり，もしくはうつ病などで通院している病院で自閉症スペクトラムやADHDと診断されたりするケースが多く，いわば「サバイバー」と呼ばれるような人たちがほとんどだ。そのため，必死のセルフサポートで凸凹をカバーしていたり，二次障害をもっていたり，過剰適応だったり，発達特性がストレートに見えにくい。

とくに女性の場合，その違いを顕著に感じる。ASNにあらわれる数少ない女性は，異常なほど過剰適応だったり，ベースがまったくわからないほどの二次

障害を抱えた「重ね着症候群」だったり，ハードなサバイバーが多い。男性当事者にたとえば「彼女いない歴30年の30歳」も少なくない一方で，女性には「若くしてバツ3」「風俗勤務」「非婚だがひとり親」など，波乱万丈な人生を経てきた人が少なくない。そのため，時として男性当事者とニーズが大きくズレてしまう。まだまだ幼く見える男性当事者を「小僧」と揶揄し，「小僧お断り」とクローズドで開催される女子会もあった。ASNでもこれまで「女子グループ」「親子アスペの会」等を開催してきたが，ハードでダークな話題に至ることが多く，失礼ながら「福祉関係者は人生経験が浅いオタクが多いから，話にならん！」と一刀両断にぶったぎるツワモノもいた。

③ ピアサポートの場にあらわれる発達凸凹女子

　ピアサポートの場にあらわれる発達凸凹女子を無理やりカテゴライズすると，「（1）コア自閉女子」「（2）ADHD＋自閉女子」「（3）ADD＋LD系」「（4）重ね着系」の4つのタイプに分類できる（表8-2-1）。このうち，「みつけばルーム」の利用者には（1）のタイプが多く，ASNの参加者には（2）（3）（4）タイプが多い。

（1）まっとうな変人「コア自閉女子」

　自閉症ならではの特性が強く「変人」。成長は比較的ゆっくりだが，見守っていけば，将来は「強力なアスパーガール」として大きく花開く可能性が高い。ただし，親や周囲が「普通になれ」の呪いを強くかけると，せっかくの強い個性が損なわれ，中途半端なオタクになる危険もある。面白いことに，対人関係に無関心でマイペースなほど，自閉症らしさはキープされる。

　たとえば，このタイプが既存の女子グループに参加するためには，並々ならぬ努力が必要となる。女子グループの井戸端会議には，なかなか興味・関心がもてないからだ。幸か不幸か興味・関心がマッチしたとしても，オタク的な感性で深堀しすぎたり，分析的に批判しすぎたりして，軽妙な会話のキャッチボールには参加できない。だからといってSSTなどによって会話のスキルを磨き，女子グループに紛れ込むことはおすすめできない。なぜならば，その結果，

表8-2-1　発達凸凹女子の4つのタイプ

	関心	行動	対人関係
(1) コア自閉	「宇宙」「歴史」「自然」「生物」「宗教」「科学」「建築」「化学」などなど，一般的な女性が関心をもちにくい分野に深くのめりこむ傾向が強い。	行動パターンに，自分のルールをもっている。そのため，「マイペース」「ガンコ」「こだわりが強い」などと思われやすい。	いじめの対象になりやすいが，本人は対人関係への関心が薄い。「友だちをつくらなければ」と思っているケースもあるが，ほとんどの場合は周囲からの刷り込みによる。
(2) ADD+LD系	「絵を描くのが好き」「手芸が好き」などの趣味をもっていても，概ね自信がない場合が多い。周囲のサポートがあれば得意なことを楽しんでいくことができる。	人の目を気にしすぎる傾向が強く，過剰適応になりがち。主体性をもちづらい。	一見，協調性があるようにみえるが，深い人間関係を築くことが苦手で，友人は少ない。対人関係で悩むことが多い。
(3) ADHD+自閉系	(1)に比べると，関心の対象が「音楽」「映画」「アロマ」「アート」など一般的だが，のめりこみ方が尋常ではないため，尖った得意分野をもつ可能性が高い。	ルールに縛られず，直感や衝動で行動することが多いので，「ワガママ」「自分勝手」などと思われやすい。	比較的，対人への関心が強い。友人関係でトラブルメーカーになりやすく，異性間のトラブルにもまきこまれやすい。
(4) 重ね着系	対人関係に重きを置く傾向が強く，趣味はあっても長続きしないことが多い。	衝動的だったり，抑うつ的だったり，行動に一貫性がなく，まわりをふりまわすことがある。	対人関係への関心が，強迫的に強い場合が多い。他人の評価に敏感な一方，友人関係でトラブルメーカーになりやすく，異性間のトラブルにもまきこまれやすい。

感性が標準化されてしまうリスクがあるからだ。

『ヒトはなぜ絵を描くのか――芸術認知科学への招待』（岩波書店）という本に，ナディアという自閉症の女の子の話が紹介されている（齋藤，2014）。幼児期に驚くほど精密で写実的な動物の絵を描いていた彼女だが，学校に入学し言葉を獲得してからその描画スキルが著しく低下してしまったのだという。躍動感あふれる馬の絵は，いかにも凡庸な女の子の顔の絵に変化してしまったらしい。

ナディアの例が示すとおり，残念ながら，成長はトレードオフだ。まっとうな成長をめざすと，せっかくの「自閉症らしさ」が犠牲になる可能性がある。どちらを選択するのかは本人の自由だが，「普通になれ」の呪いで，選択の余地を与えず，アスパーガールの芽をつむ支援は好ましくないと思う。

（２）おっとり癒しキャラ「ADD＋LD系」

「普通になれ」の呪いに縛られやすく，過剰適応のリスクが高いのがこのタイプだ。周囲の干渉を受けやすいため，まわりの顔色をうかがって行動するクセがついてしまう。話の内容が理解できていないのにわかったフリをしたり，言い訳のため不必要な嘘をついたり，間違った努力を重ねる悪循環に陥りやすい。ある女性当事者は，「このままの自分じゃダメだ，世間には通用しないと思いこんでいて，どんなに努力をしても，コンプレックスがどんどん強くなるばかりだった」と子ども時代を振り返った。

私がかつて子育てのバイブルにしていた『その子らしさをいかす子育て』に，「彼らの認知構造は変わらないという前提で，多数派の認知の仕方を知識として学んでもらう」「それを学んでほしいのは彼らが間違っているからではありません。そのほうがお互いにとって不都合が少ないからです」（吉田，2003）という一節がある。特に，学校という場では，マジョリティに合わせることを強いられる場面が多い。だからこそ，「決して，あなたが間違っているわけではない」ということを，しっかりと伝えていきたい。彼女たちが，アスパーガールとしてプライドを保ち好きなことや得意なことを続けながら生き残っていくためには，その心の声に耳を傾けてくれる穏やかな味方の存在が必要なのだ。

（3）ハードなサバイバー「ADHD＋自閉系」

　このタイプは，思春期から20代まで激動の人生を歩むことが多い。多才ぶりを発揮し，職業を転々とする人も多く，発達凸凹が苦手とされる接客業やマスコミ関係で活躍したり，起業する人も珍しくない。活動が派手なのでトラブルメーカーのレッテルを張られたり，異性関係の失敗を繰り返したりすることもある。けれども「失敗は成功のもと」。ASNの活動で，多くの先輩サバイバーの体験を聞き，その経験は決して無駄にならないと確信した。

　チャーリー（仮名）のことを紹介したい。彼女はアルコール依存，売人などバリエーション豊かなダメンズと華麗な男性遍歴をもち，翻訳，歌手，ホステス，介護職など，さまざまな職業を経験してきたサバイバーだ。自分の経験を活かし発達凸凹の後輩たちの相談にものってきた。

　30代の彼女は，過集中と体調不良をくりかえし，とつぜん「お休み宣言」をして姿を消す……そして半年ほど休んだらまたあらわれるということを繰り返していた。最近，姿を観ないなぁと思っていたら，「地方の山里に小さな家を買い，自給自足の生活を始めた」と，驚きの報告を受けた。いわく「50代になり，やっと自分の人生に，男はもちろん，家族も友人も必要ないということがわかったから，隠居した」という。

　アスパーガールにとって心地よい他人との距離や関係の保ち方は，トライ＆エラーを繰り返し身につくものだ。「今がいちばん幸せだけど，後悔していない」とさわやかに笑うチャーリーの話を聞きながら，そう思った。

（4）みんなをまきこむ「重ね着系」

　残念ながら，（2）や（3）のタイプがこじれ，重い二次障害を発症してしまったタイプだ。ピアサポートの場で対応することがむずかしく，しばしば現場は混乱の極みとなり「お手上げ状態」となってしまう。特に，パーソナリティ障害などの特徴が強いと，虚言やクレームで，どんどんまわりをまきこんでいくので，対人耐性が弱い当事者たちがバタバタと犠牲になっていく。まわりもツライが，本人も決して愉快ではないだろう。

　正直なところ，このタイプに何ができるのか，いまだに答えの糸口すらみつ

かっていない。「個人的に，話は聞く（孤立させない）」「巻きこまれない」「ネット掲示板やSNSに書きこまれても笑い飛ばす」「恨みを買っても，凹まない」くらいしか思いつかないのが，悲しい。

④ 発達凸凹女子が，アスパーガールとして脱皮するために

　発達凸凹女子が，自分の認知や感覚の特性，バイオリズムなどを把握し，自分を使いこなせるようになり，アスパーガールとして華麗な脱皮を果たすためには，それなりの時間がかかる。けれども，その成長を，今の社会は，なかなか待ってくれない。「普通になれ」の呪いと「早く」というプレッシャーの中，アスパーガールは過剰適応による絶滅の危機にさらされている。

　ニンゲンは約4万年前に言語を獲得し，3千年前から定住化を進め，社会を築いてきたといわれる。コミュニティを効率的に管理するには情報共有が大切なので，言語文化が発達した。冒頭の妄想で語ったようにコミュニケーションが重視される背景には，社会の合理化がある。けれども合理的な社会は，果たしてニンゲンを幸せにしたのだろうか。日本で暮らしていると，24時間情報に追いかけられ，言語の海の中で溺れているような気分になる。私たちは，常に発信し，情報を共有し，お互いの存在を確認しあう。特に，都会には，ほとんど沈黙の時間がない。

　過剰な情報社会の中で，本来，他者の影響を受けづらいアスパーガールの特性は，強みにもなる。協調性のなさも裏を返せば，「孤独に強い」「独自性がある」「自立心が高い」などの長所になるのだ。さらに言えば，アスパーガールとっては，決して「ニンゲン界」だけが居場所ではない。実際，チャーリーのような妙齢のアスパーガールと接していると，ニンゲン関係への執着を捨て，マイワールドを築いた人の方が幸福そうに思える。確実に，ニンゲン関係より大切なものが，アスパーガールにはある。

　天体，科学，昆虫，動物，魚，植物，茸，菌，毒，歴史，哲学，音楽，美術，映画，アニメ，ゲーム，マンガ，機械，飛行機，鉄道，車，仏像，宗教，ロボット，ロケット，エトセトラエトセトラ。アスパーガールは好きなものを通じて，世界とつながり宇宙と交信している。「危ない」「役に立たない」「気持ち悪い」「怖

い」「女の子なのに……」などと，アスパーガールの感性を既存の価値観でジャッジし，好きなことに没頭する時間を奪わないで欲しい。好きなことは，じょうずに他人と距離を保ち「孤独を守り」，誰にも侵略されない大切なマイワールドを深化させていくカギになる。

　そして好きなことに没頭し，「楽しい」「気持ちがいい」と心から感じることができる一瞬こそ，アスパーガールがこの厄介な世界で生きていくための大きなエネルギーになるのだ。

【文献】

ミラン・クンデラ．（1989）．存在の耐えられない軽さ．集英社文庫．
齋藤亜矢．（2014）．ヒトはなぜ絵を描くのか：芸術認知科学への招待．岩波書店．
吉田友子．（2003）．その子らしさをいかす子育て．中央法規出版．

3 NPO法人アスペ・エルデの会の実践

川上ちひろ

1 はじめに

本節では，筆者がNPO法人アスペ・エルデの会（以下アスペの会）で行なっている女の子・女性向きのプログラムを紹介します。基本的には会員向きに行っているプログラムで，成長段階に合わせ，「学童期〜思春期のプログラム」，「思春期〜成人期のプログラム」，「成人女性のグループ『ショコラ』」の3つがあります。なお，筆者は担当していませんが，ここで紹介する3つのプログラムのほかに学童期から思春期の女の子向けグループもあります。

2 学童期〜思春期のプログラム

アスペの会が発行しているサポートブック『女の子用ワークブック　おとなになる女の子たちへ』(図8-3-1)を用いて行っています。

図8-3-1 サポートブック「女の子用ワークブック　おとなになる女の子たちへ」(表紙)

●進め方のポイント
・少人数（6人程度）の発達障害のある女の子に集まってもらいます。できれば年齢，ニーズ，理解度がそろっている方が進めやすいでしょう。
・複数の女性支援者を配置します。事前に参加者の情報共有や進め方の打ち合わせをしておきます。
・参加者のニーズや理解度に合わせ，内容や

難易度を調整します。
・長くても1時間程度で終了するようにします。
・母親もプログラム見学ができると，家庭に戻ってからも学んだことを踏まえて支援してもらえることが期待できます。ただし同席してほしくないと思う女の子もいるので事前に確認しておくとよいでしょう。

以下に，サポートブックの構成を示します。

（1）わたしの紹介

似顔絵を描いたり，自分の性格や好きなことについて書き出します（図8-3-2）。

人前で話すのが苦手な子は，自己紹介する際にこのシートをみながらできます。また自分で自分のことを書き込むことで，自己理解につながる作業です。

ただ，「何を書いていいかわからない」，「恥ずかしいから書けない」などの理

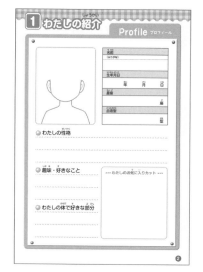

図8-3-2 「わたしの紹介」
（女の子用ワークブック）

図8-3-3 「じぶんをまもる」
（女の子用ワークブック）

由で，このページに記入することが難しい子もいます。本人のペースでゆっくり進めてください。

（2）わたしのからだ

　身体の名称や機能についての理解，適切な下着の着用の理解，年頃にふさわしい服装の理解，プライベートゾーンの理解，月経の手当について学びます。

　身体の名称を理解できていない子や，適切な下着の着用については理解しているが実際にはできていない子など様々です。実際の下着や月経用品を見せたり触ってもらったりすると，さらにイメージがわくでしょう。

　月経の起こり方や月経の手当など言葉では理解していても，実物を用いてやってみると，ナプキンをクシャクシャにしてしまうなど，うまく月経用品を扱えない子もいます。また，「どのタイミングで取り替えたらいいかわからない」というのもよく聞かれる悩みです。ちょっとしたことがつまずきにつながることもありますので，支援者と一緒にやってみるとよいでしょう。

　ある参加者の子の母親が「胸が大きくなってきているのに，ブラジャーを着用したくないと言っているから困る」と仰っていました。そこで本プログラムで下着の着用について取り上げたところ，他の参加者の女の子がブラジャーを着用していることを話してくれました。すると，後日その子の母親から「先日のプログラムの帰宅途中にブラジャーを買いに行きました」という報告がありました。家庭で母親がどう伝えたらいいかわからないようなことも，小グループで参加者同士が交流することであっさり解決することもあると実感した出来事でした。

（3）じぶんをまもる

　自分が怖いと思う場面に遭遇したときの対処方法を事前に学ぶワークです（図8-3-3）。

　"イヤだと思うとき"の断り方ですが，これは（性）犯罪予防にもつながる重要なスキルです。しかし単に「怖い場面」「イヤな場面」と言っても，その場面が想像できない子がいます。「〇〇は，怖いことなんですよ」などと言って，ただ恐怖心を植え付けるのではなく，自分がイヤだと思うことに対して断るスキ

ルを学ぶことが重要です。

　ただし，場面を見立てたロールプレイや，「〇〇と仮定してみて…」と条件づけたシミュレーションなどの仮想場面での学習や練習が苦手な子もいますので，本人の理解度に合わせて進めてください。

思春期～成人期のプログラム

　アスペの会が発行しているサポートブック「すてきな大人計画！」を用いて行います（図8-3-4）。

●進め方のポイント
・このサポートブックは男女共に使用できるようになっていますので，項目によっては男女混合グループでも実施可能です。
・身体的な内容など女性に特化している場合は，女性のみのグループで構成するとよいでしょう。その場合の支援者は女性が適切です。
・少人数（6人程度まで）の発達障害のある女の子に集まってもらいます。できれば年齢，ニーズ，理解度がそろっている方が進めやすいでしょう。
・事前に参加者の情報共有や，進め方の打ち合わせをしておくと支援しやすいでしょう。
・参加者のニーズや理解度に合わせ，内容や難易度を調整します。
・参加者の集中力に合わせて，時間を設定します。適宜休憩を入れながら実施します。

　以下に，サポートブックの構成を示します。

図8-3-4　サポートブック「すてきな大人計画！」(表紙)

（1）おとなバージョンにステップアップ

　図8-3-5のような図を見ながら，年齢とともに変化する人間関係と，ふさわしい付き合い方について学びます。基本的な人間関係を視覚的に学んだ後に，異性，社会生活で，会社で，の場面に分けてそれぞれでふさわしいふるまいを考えます。

　言語化や視覚化されない人間関係を理解するのはとても難しく，発達障害のある人たちがつまずきやすい，トラブルを起こしやすい点です。例えば「友だち」と言っても，いろいろな関係の「友だち」がいます。普段私たちは同じ「友だち」という名称でも，相手によって「友だち」とのつきあい方を変えています。深刻な悩みを相談する友だち，趣味の友だち，メル友，飲み友，年賀状だけのやり取りをしている相手でも「友だち」です。しかし発達障害のある人の中には，「友だち」について一律同じ捉え方をしている人がいます。そのような人間関係を視覚化して示し，関係に応じたつきあい方を具体的に学ぶことが必要だと感じています。

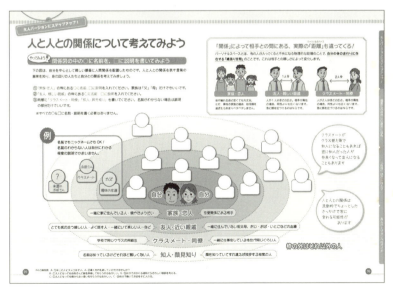

図8-3-5　「人と人との関係について考えてみよう」（すてきな大人計画！）

（2）場面にふさわしい身だしなみ

　身だしなみについて学びます。男女とも同じ内容で，清潔・不潔について，場面にふさわしい服装（TPOを考える）について考えます。女性はお化粧のしかた，おしゃれの仕方についても学びます（図8-3-6）。過度なお化粧やおしゃれではなく，周囲の人たちが不快に感じないような「ほどほど」のお化粧の仕方・おしゃれの仕方を学びます。

　参加者の女性の中には「自分で服を買ったことがない（いつも母親が買ってきたものを着ている）」という人もいます。またお化粧以前に，お肌の手入れをしたことがないという人もいます。大人になると，自分で様々なことをしなければいけないので，一つひとつ一緒に学んでいけるといいでしょう。

（3）「自分」はどんな人？

　主に身体についての自己理解（セルフモニタリング）と，その上での対処方法

図8-3-6　「身だしなみって何？（女性編）」の一部（すてきな大人計画！）

について学ぶワークです。また体調が精神面（気持ち）へ影響することも学びます。

　自分の体調管理をすることが苦手な人も多くみられるので，どのように体調変化に気づき管理していくかを学びます。特に女性は，月経周期に伴って定期的に心身が大きく変化します。月経によるイライラを表出してしまうことで相手との関係も悪くなることもあります。そういったトラブルを未然に防ぐためにも，セルフモニタリングと対処方法を学ぶことはとても重要です。

（4）大人バージョンへのガイド

　大人になって必要になるかもしれないこと，たとえば，嗜好品（お酒やタバコ），お金の使い方，インターネットの使い方などについて学びます。

　子どものころと違って，自分でやりくりしていかなければいけないことが想像以上に多くあります。社会に出て働いたり一人暮らしをするという人も少なくないでしょう。そうなると詐欺などの犯罪に巻き込まれることもないことではありません。そのための一つの知識として，お金やインターネットの使い方を知っておくことは重要です。

　さて，ここで前述の2節と3節で紹介した，それぞれのプログラムに共通する大まかな流れを示します。

プログラムの流れ	内容
はじめに	… 自己紹介，最近の様子の交流，今日の説明を行う。
▼ プログラム内容	… 参加者に合わせて内容を設定する。いくつか行う場合には，途中で休憩を入れる。
▼ おわりに	… 今日のふりかえり，アンケートなどを行う。

　プログラムは，1日で行うこともあれば，2日以上かけて行うこともあります。その際には初日に宿題（「身の回りのことが自分でできているか」のチェック，「服を自分で選んできて来ることができたか」の確認，など）を出して，2日目に確認します。参加してくれた子たちのニーズに合わせて，内容や課題を設定

し，自分でできたことを確認して続けてもらえるようエンカレッジすることが重要だと感じています。

成人女性のグループ「ショコラ」

　成人女性を対象にしたグループプログラムです。2～3か月に1回のペースで計画，実施し，内容としては，余暇支援の意味合いが強いものです。看護師，保健師である筆者や臨床心理士，さらに精神保健福祉士などの専門的な資格を持つ女性支援者がスタッフを担当しています。

　成人向けのグループですので，参加者はほぼ全員就労している女性です。各自電車等の公共交通機関で会場に集まって，2時間程度のプログラムを実施しています。

　これまでの「ショコラ」の活動内容を表8-3-1に示します。

　前述したさまざまなプログラムをメインの活動として実施した後で，最後は皆でお茶を飲みつつお互いに近況報告をしながら交流をしています。また，その場で参加者にやってみたい活動を聞きながら，次回以降の内容を設定しています。

　毎回グループの活動を楽しみにして参加してくれる人もいます。内容を見て自分が参加してみたいと思ったものに参加してくれる人もいます。ですから，スタッフ側としていろいろな体験をしてもらいたいと思いながら活動の計画をしています。

　そして，活動の中でそれぞれの参加者ごとにいろいろな興味深い気づきがあります。たとえば，「ヨーガでリラックス！」では，参加者の何人かが「自分の血液が流れるのがわかった」「力の抜き方がわかった」という感想を話してくれました。また，「自分に似合うおしゃれを見つけよう」では，「いつもドライヤーで髪を乾かしています」と言いながら，実はドライヤーを持ち替えられず片方側の髪しか乾かせていなかったことが分かった人もいました。

　アスペの会には男女合同の社会人グループもありますが，「男性と一緒だと，男性っぽい活動になるのでイヤ」などの理由で参加しない女性もいます。ですから，「ショコラ」のような女性だけのグループがそういったニーズを持つ女性

表8-3-1 「ショコラ」の活動内容

活動名	内容
たこパ！	材料を買い出しに行って，みんなでホットプレートでたこ焼きを作って食べました。
おしゃべりを楽しもう	近所のケーキ屋さんにケーキを買いに行き，ティータイムでおしゃべりを楽しみました。
自分の好きな小物作り	自分が作りたい小物の材料を持ち寄り作成しました。特に作りたいものがない人は，支援者が材料を準備した中から作品を作りました。
リラックスを見つけよう	自分のリラックス方法を紹介し合いました。また，自分の好きな匂いのアロマオイルで，アロマスプレーも作りました。
自分に似合うおしゃれを見つけよう	美容師さんを招き，自分のお化粧や髪形にかんするおしゃれの悩みについてアドバイスをもらいました。また実際にヘアアレンジをしてもらうなどの体験もしました。
ヨーガでリラックス！	ヨーガの先生を招き，ヨーガや呼吸法を教えてもらいました。母親にも参加してもらい，ゆっくりした時間を過ごしました。
浴衣(ゆかた)を着てみよう	参加者には浴衣を持ってきてもらい，着付けの先生の指導のもとで浴衣を着る体験をしました。なお，この活動は吃音のある女の子のグループと共同開催しました。

でも参加できる場になっています。

　そして，活動を続ける中で活動の幅も広がりつつあります。たとえば，参加している女性の母親たちも様々な悩みを抱えていたり，日常の生活で疲れているため，活動と同時並行で母親だけのお話できる場所を提供しています。また，筆者らが活動している地域には，アスペの会以外にも，自助グループや支援団体が活動をしているので，それらのグループの女の子や女性たちと交流できる会を共同開催することも最近は検討しています。

5 おわりに

　成長過程の女の子にとって，自分の身の回りのことが自分でできるようになることは，将来に向けて非常に重要なスキルです。大人だと"ふつう"にできることが当たり前，さらに女性だと，おしゃれや美容に気を使うといったプラスアルファのこともできるとさらに良いという暗黙の要求をされることもあります。発達障害の特性がある場合，そういった要求を推し量り自然にできるようになることを本人に求めるのは難しいことかもしれません。こういった課題は家庭でも見過ごされがちなので，機会を設けてプログラムを行うことで本人と家族との理解を進めることができるでしょう。

　自助グループや支援団体などに所属している当事者は相対的に男性が多く，プログラムを設定するのもどうしてもボーリングやスポーツ観戦など男性中心の内容になる傾向があります。そういった活動に参加することは嫌いではない女性もいますが，合わない人は合わないですし，そもそも男性との関わりがイヤだという女性もいます。そうなるとプログラムがあっても参加することができず，外に出たり仲間と交流したりする機会が必然的に減り，家で過ごす時間が長くなることで家族とのトラブルや家庭内での不和につながってしまうこともままあります。そのような意味でも，当事者女性と母親のそれぞれが家の外に出て仲間と交流できる機会を持つことは，良好な家族関係を保つためにも非常に重要であるといえます。

※サポートブック『おとなになる女の子たちへ』と『すてきな大人計画！』は，NPO法人アスペ・エルデの会のホームページから購入が可能です。

【文献】

川上ちひろ．(2008)．女の子用ワークブック　おとなになる女の子たちへ．NPO法人アスペ・エルデの会．
川上ちひろ・田中尚樹．(2013)．すてきな大人計画！．NPO法人アスペ・エルデの会．

第9章 【対談】発達障害のある女の子・女性が「自分らしく」生きるために

川上ちひろ・木谷秀勝

発達特性を踏まえたかかわり

—— 本章では，編者の川上先生と木谷先生に，本書を編集しての全体の感想や，まとめについてお話をいただければと思います。

川上： 本書をまとめて思ったのは，女の子・女性特有の難しい部分に，発達特性が入ることで，さらに複雑化していくところがある，ということでしょうか。中には女性としてとても共感できる事例もあって，発達障害に関係なく起きる女の子としての困りごとは，一部に共通しているのだと感じました。それがASD特有のこだわりや見通しの立たなさなどで，先に進めないのかな，と思うところもあります。あと，今回の事例や実際のケースでは，女の子たちが，支援者側が計り知れないぐらいリアルな現実を生きていると感じることもあります。表面に出ているのはごく一部で，支援者の想像に及ばない，もっと深くてエグい世界で生きているというか。

木谷： 大人側がイマジネーション（想像力）を持って，生きている世界を慎重に言葉にしないといけない子たちだと思います。この子たちの世界って，色んな「点」があるんですが，それが「線」にも「面」になっていないんですね。だから，こちらが「点」を，「こういう風に関連しているよ」と「線」につなげて，「面」にして，三次元の立体にしてあげると，女の子たちが自分が抱えているものに気づいて，ホッとした表情を見せて急にしゃべり出してくれます。

川上： 逆に，支援者が侵襲的に関わるとダメですね。どうも女の子たちは聞

かれることというのが侵襲的に感じるみたいです。

木谷： 特に私は男性だからセクハラになる（笑）。だから「聞く」というよりは，彼女たちと一緒に「確認」をします。そして，確認作業を丁寧にしていくと，フッと彼女たちの中に安心感が生まれてくるときがあります。支援の場で出会う多くの女の子が最初は不安が強いけど，安心感が持てるとスッと動きますね。

② 「からだ」の問題を視覚化する

川上： 女の子の支援では，特に「からだ」の問題って大事だと思います。支援の現場にいて感じるのは，心理の専門家だけでなく教師やそれ以外の支援者なども「こころ」を重視し過ぎている点です。

木谷： 一時期，ファンタジー的な心的世界が流行しましたけど，「こころ」はファンタジーじゃないんですね。「こころ」は「からだ」や「関係性（人間関係）」とつながっている，その中間にあるのが「こころ」ですからね。

川上： 木谷先生は，「からだ」の問題に対して，具体的にはどんなアプローチをされていますか？

木谷： 視覚情報に落とし込んで丁寧に確認していくことです。最近何人かの女の子に基礎体温を付けてもらっていますが，かなり体の不調の原因を本人が自覚できるようになっています。他にもWISCなどの検査プロフィールも活用しています。あと，言葉だと侵襲的になりがちなので，そうならない支援をどう考えていくか。基礎体温表や第3章［2］のレーダーチャートなどは，一つの方法です。ああいったものは，女の子が取り組みやすいですね。

川上： 発達障害当事者として手記を書いている女性たちは，自分の身体のことなどを言語化できている人たちもいますよね。彼女たちの手記を読んでいると，「からだ」と「こころ」のつながりや，他者や社会とのつながりを，その時は言語化できなくても，振り返って言語化できています。ただ，言語化できる人はいいですが，それが苦手な人もいますよね。そこをサポートできるのが支援者や周囲の第三者ですが，侵襲的にならな

い聞き方・関わり方は本当に重要だと思います。「やったの？　やってないの？」みたいに色々聞かれたり侵襲的に関わられたりしたら私も嫌ですもん（笑）。

木谷： 「大丈夫？　心配なことない？」と聞くのはもっと嫌ですね。

川上： 「大丈夫？」って聞いたら「はい，大丈夫です」って反射的に答えちゃいますよね（笑）。

木谷： 基礎体温や睡眠の記録などもそうですが，「こういったことが今月あったから，来月もあると思うよ」とか「毎年冬はこういうことがあるよ」といったリズムやパターンをこちらから伝えると，本人も予想がつくようになります。発達障害のある女の子・女性は，予想ができないから不安になるので。

川上： そうですね。寒くなってくると，行動力というか出力がいきなり落ちるけど，本人がそれに気づかず苦労している場合もありますね。

木谷： 最高気温が15度以下になったら，冬眠状態になるから，無理しないで休みなさい，と伝えることもあります。逆に気温が上がると元気に行動して，外で色々やらかす子もいるので（笑），それも含めて理解しておくと良いです。

川上： あと，先が見えないことへの不安の問題ってありませんか。

木谷： 現在進めている研究でデータを取っていますが，確かに不安の高さはありますね。もちろん男の子にもありますが，男子の場合，周囲が「ま，何とかなるよ」と許容的なことが多いですね。一方で女の子は，周囲が先々のことを心配するけど，本人たちはそれが見えてないし読めないので。

川上： 「被害に遭わないように気をつけて」とか「そんなことはしちゃダメだ」とか，転ばぬ先の杖というか……身体面も心理面も傷つくようなことを過剰に要求され，守られているように思います。

木谷： でも，守られているようでいて，それが実は侵襲的なプレッシャーになっていたりもする。といって，自分でどうしたらよいかを自然と分かる訳ではないので……そこが，発達障害のある女の子の難しいところですね。

川上： 女性はホルモンバランスや月経周期や年齢という「からだ」の変化に左右されます。そこに，「こころ」や他者との「関係性」がリンクしている，ということが本書の読者にも伝わると良いなと思っています。どうしても心理教育や行動の問題を変えることや人間関係のほうに支援が向きがちなんですが，ベースは体調にかなり影響されてます。だから身体を温める，十分な栄養をとるなどの体調を整えることにもっと支援として注目して欲しいと思います。

木谷： 「からだ」からスタートするのは大事ですね。この子たち「こころ」が見えてないからね。それに最近は，心身医学の領域が発達障害の研究についてかなり力を入れていますし，発達障害の領域自体も，心理面より感覚面の問題やニューロン（脳神経）の問題に注目が集まりつつあります。

川上： ニューロ・ダイバシティ（neurodiversity）も以前より取り上げられるようになりましたね。

木谷： 定型発達者（neurotypical; NT）だって，それが正常ではなく，1つの特性ですからね。NTは，非定型発達に比べて，みんなと一緒じゃないと心配だし，神経症になりやすい特性があるというだけで（笑）。

川上： ただ，「からだ」の問題を扱える支援者は教育などの現場には少ないです。特に性の問題は，話題に出た時点で「私（の関わる領域）じゃないです」と言われてしまう。学校では生徒指導などの場でそういうことが起きるかもしれません。

木谷： 性の問題は，外性器や月経，性交のことだけではなく，それに伴う「からだ」全体のかかわりの中で聞いて行けば良いし，侵襲的にもならないと思います。

川上： あと，女性の支援者や研究者，母親でも，自分の体を振り返ることをしていなくて，自分のことすら分かってないと思うんですよね。基礎体温を付けている人も少ないです。するとしたら，月経日や排卵日を調べるとか……妊活のときぐらいかな。

木谷： 日常生活や心理的な面が安定しているときは，基礎体温などの「からだ」の数値が安定していたりする。だから，月経なども「大変だ」じゃな

くて「このリズムがいいんだ」という風に見え方を変換させることができるし、「からだ」のリズムの確認も同じですね。どうして自分の「からだ」や「こころ」は、そういうリズムになっていくんだろう、という証拠（エビデンス）を確立していく。支援者側の認知の仕方・考え方が変わるだけで、かなり女の子たちも変わります。

川上： 確かに、基礎体温表に記入するときも、「この日はイライラしていた」とか気持ちや体調を書いておくと良いし、さらに「お母さんともめた」とかメモしておくと、「お母さんとケンカしたのは、イライラしていたからで、その時は、いつもよりも体調が悪いんだな」と後で振り返りもできます。「関係性」と「こころ」と「からだ」は、かなりリンクしています。

木谷： 「イライラしていたのが悪い」ではなくて、原因があってイライラしていたと分かって、それを言葉にして言えるようになれば良いのです。

川上： そうすると相手（たとえば母親）も「だからイライラしているんだ」と原因がわかって、必要以上に怒る必要もなくなってくると思います。

木谷： お互いに視覚化して、「からだ」と「こころ」と「関係性」につなげて、本人も周りの大人たちも現れている行動を理解していくのが大事ですね。

川上： 本書が「からだ」「こころ」「関係性」の3つの軸でまとめている理由を、最後の章で説明できて良かったです（笑）。

3　安心感を得られる支援と場づくり

木谷： 今回の本を編集して、改めて気になったのは「安心感」というキーワードです。女の子が女性に変化していくとき、そして女の子・女性が「自分らしく」生きて行くために、安心感というのは非常に重要だと思います。そして、それは彼女たちの生活の質（QOL）にも深く関わります。

川上： 発達障害のある女の子や女性が、安心感を得るために必要なことって、何だと思われますか？

木谷： まず「からだ」がホッとできないと無理ですけど、くつろいだ状態や緊張している状態がどういうものか気づくこと。常に緊張しているからリラックスしている状態が分からない女の子が多いです。リラックスの仕

方を教えることで，「疲れ」というものを意識できるようになります。

川上： リラックスする方法は色々ありますよね。

木谷： 入浴するときも湯舟に浸かる，これだけですごく変わります。そして，安らぐという感じを体験できたら，今度はその感覚をしっかりと感じ取れた，という本人の認知が必要になるので，「今日はすごく表情がいいよ」と，周囲の誰かがフィードバックしてあげるのが大事です。

川上： 第8章で実践を紹介した，木谷先生・岩男先生たちの「アスペガールの集い」や，私のやっている「ショコラ」などは，そういった経験やフィードバックができる場になっていると思います。

木谷： この前の「アスペガールの集い」では，ネイルの体験会をしましたけど，参加した女の子たちは，ウキウキできる楽しい活動でリラックスできて，表情がガラリと変わっていました。そして帰宅後も，家族との話がすごく盛り上がっていたみたいです。こういうのが安心感の基礎になっていますよね。

川上： ただ，安心できる体験ができても，「それで大丈夫，常に安心でいられる」ということはないですよね。特に，発達障害のある女の子・女性は日常の中で色々な不安にさらされやすくて，それでいつも緊張している。

木谷： 「アスペガールの集い」や「ショコラ」という「ここは確実に安心できる」と思える場があることで，安心感の維持はできると思います。ですので，そういった場が定期的にあるという継続性は重要です。

川上： そういうことの積み重ねですよね……ただ，成長する中で，加齢による身体の衰えやホルモンバランスの崩れ，そして「関係性」も含めた環境の変化という新たな不安要素が現れます。壮年期には，思春期とはまた違った，嵐のような変化が起きてくることを忘れてはいけないと思います。

木谷： ですので，本書では第5章で，発達障害のある女性の青年期から中年期以降のことについて書きました。あと，20代以降のASDの女性たちの支援をしていると，彼女たちの母親の更年期障害が影響していることもあります。実際，母親が婦人科を受診したら，娘の状態も改善されたというケースがあります。また，40代のASD女性で，栄養バランスな

どの問題があると思ったら，親が認知症になっていたケースもありました。青年期以降の支援だと，保護者の側に起きてくる問題というものもあります。

川上： 保護者自身の自己理解や，様々な面でのゆとりも，安心感には関わってくる，ということですね。あとこれは本人の不安より周囲の側が不安に思っていることですが，いわゆる性犯罪や，性被害・性加害の問題。本書ではあまり触れていないですが，発達障害のある子の性教育の講演では，そういったことの質問は数多く受けます。「性被害に遭わないためにはどうしたら良いですか」とか。

木谷： 女の子・女性に限らず，性被害・性加害のケースは複数見ていますが，それを性の問題としてとらえるほうが良いのか，という点は重要です。実際にはネット依存の問題であったり，同世代の異性・同性との対等な人間関係が組めていない問題であったりしますね。

川上： 周囲が性の問題と捉えていることも周囲との人間関係がうまくいっていないゆえに起きることが大半なので……一つの原因として人間関係の構築やコミュニケーションの問題として捉えるほうが，すっきりするものもあると思います。私たちが行った調査研究では，性関連を含めた触法行為に関わった発達障害のある子の背景には虐待やいじめの経験がある，という結果もあります。

木谷： 背景に虐待があるケースは確かにあります。家庭で自分の存在が否定されていて，自暴自棄になってどんどん深みにはまっていくケース。

川上： ちなみに，そういった女の子たちに「自分のからだを大事にしなさい」って，支援者や先生たちは言いたがりますけど，ああいった情念に訴える関わりって効果があるんですかね？

木谷： あまり効果はないかな。それよりは，もっと事実を客観的に理解することを促すほうが効果があります。ここでも，事実の確認，「点」をつなげて立体的にしていくことが大事です。つなげることで初めて全体が見えてきます。

④ ともに歩める「パートナー」の存在

川上： 最近は，ネット依存の相談事例も増えています。トラブルに巻き込まれたり……最近流行りのパパ活も，ネットならではのケースですね。たいていスマホを持っているから，情報の入手もアクセスもすぐにできる。

木谷： といってネットの情報から隔離されて生きるのは無理だし，スマホを取り上げて逆にトラブルが増えるケースも多いので，適度な使い方を本人が学び，周囲も教えて行く必要があります。また一方で，第1章で触れたようなSNS上のアバターを使った交流がASDのある人たちには合っているというケースもあります。ただ，ネット上でも，「1対1」のやり取りはできていても「1対多数」はあまりうまくできていないようです。でもそれで良いんですよ。1対1の関係ができていればOK。

川上： 1人でもいれば十分で，無理にたくさんと仲良くする必要なんてない。誰とでも良い関係を築けるなんて幻想です！（笑）。

木谷： それよりも良いパートナーを見つけることが大事ですね。たとえば，うつになる人たちは，脳の中のもう一人の自分と戦っています。だから脳の中にいるもう一人の自分と仲良くなれれば，お互いに支え合えていて，それでうまくやっているASDタイプの人もいます。あるASDの女の子は，自分の中に複数の自分を作って，いつも頭の中でケンカしたり議論したりしてます。

川上： 面白い（笑）。多重人格とは違うんですよね。

木谷： 意識できているから多重人格ではないですね。むしろ自分の中の自分と仲良くやっている。そういった経験は，仲良くやれるパートナーを外的に見つけることにもつながると思います。

川上： あと，「関係性」の支援で大切なことは，親や家族も含めての支援だと思います。本人だけを支援してもあまり意味がなくて，環境調整や周囲の人間関係の調整をするのが大事です。そこで重要なのが母親と娘との関係だと思っています。

木谷： そうですね。本書の事例を読んでも分かりますが，「お母さんと娘だからわかっている訳じゃない」ということは非常に重要です。たとえば，

娘のほうに感覚面の過敏があっても，親がそうでないと感覚的にピンと来なくて全然わかってもらえない。「母親と娘だから分かり合える」という概念をまず捨てる必要はありますかね。

川上： 母親と娘で違うタイプのケースは少なくないです。「同じ性別だから分かるだろう」というのは，ある種の押し付けになってしまう。大人になっても母娘関係がぎくしゃくしているケースは多々あります。

木谷： 分からないのが普通ですね。逆に，第6章の当事者の綿貫さんや母親の永山さんの手記を読むと，同じような感覚面の特性を持っている母親と娘は関係が良かったりします。それから，第6章の解説でも書きましたが，父親の客観的な意見が入ることも大事です。

川上： 父親からのちょっと違う視点があると，とても良いですね。

木谷： だから「うちの子のことがわからない」と母親が言えるのが健康的です。「お母さんも女性なんだから，分かりなさい」という支援者は遠慮したいですね。

川上： お母さんが1人の女性として元気なのが大事だと思います。

木谷： 第1章［2］で，Long-Term Partnerの大切さについて触れましたが，「親と子」という関係より，「人生を一緒に付き合うパートナー」という関係のほうが，良好な関係が長く継続されると思います。

川上： 親子はこうあるべき，家族はこうあるべき，という旧来の「理想の親子像・家族像」に囚われ過ぎてはいけないですね。

5　おわりに

木谷： 繰り返しになりますが，発達障害のある女の子・女性の支援では，彼女たちの中でバラバラになっている「点」をつなげて「線・面・立体」にしていくことを，そして，「からだ」「こころ」「関係性」をつなげて，行動や抱えている困難を理解していくのが大事になると思います。

川上： その中でも，まず「からだ」に目を向けるのは大切ですね。ただ，教育や心理の領域では「からだ」を観ることに慣れていない支援者も多いので，支援者自身が保健医療などの専門家につながっているのが大事です

ね。一人の支援者がその子の全てを見るのではなく，他の専門家とのつながりを持っておくのは大事です。最近言われる多職種連携ですね。

木谷： もちろん，第3章の別府先生たちのような「こころ」の専門家の視点も大事ですが，「からだ」については，医療が一番丁寧に診ていると思います。発達障害としてではなく，身体医学の視点で女の子たちの世界を見直していくと，それまで見えてこなかったものが見えてきます。そして，「からだ」と「こころ」と「関係性」をつなげて診ることで，発達障害のある女の子・女性の支援について，先々までの見通しをみんなで共有しやすくなります。

川上： 「みんな」というのは，本人はもちろん，親や家族，そして各ライフステージで関わる支援者たちのことですね。

木谷： そうですね。そして，見通しが立つことで不安もある程度は解消されます。

川上： 支援者が見通しを持って，「今はこうでも，将来こうなるかもよ」と言ってくれるだけで，本人も安心できるし，周囲も安心できます。女の子に限らず，「自分が何者か」を見てくれる人を複数つくっておくのは大事かな。本当に「自分が何者か」って，自分ではわかってないから。

木谷： 「おさとうとスパイス」ではできてないからね。

川上： 女の子は，本当はドロドロ，メラメラ，グニャグニャしたものでできてますよ（笑）。それを上手に整えてあげるのが，支援者の役割かも。

木谷： あと，支援する立場から，女の子たちに伝えたいのは「自分一人で『自分とは何者か』を理解しようと思わないでいいよ」ということ。

川上： そうですね。一人で探すより信頼できるサポーターを作って一緒に探すといいですね。結果はそのうち出てくるから。

木谷： 第1章でも書きましたが，"gender-creative journey"，発達障害のある女の子・女性たちが，ありのままに，自由に，主体的に探索（creative）する旅を続けられることが大事じゃないかな。

川上： パートナーや同伴者と一緒に，人生の長い旅を続けて欲しいですね。

おわりに

　最後まで読んでいただき，ありがとうございます。しかし，なんとなくモヤモヤした感じが，まだ残っていませんか？

　むしろ，その感じが残っていることは，編集した立場としては，とてもうれしいことです。その理由は，言うまでもなく，この本一冊で発達障害のある女の子・女性が抱えるすべての問題や対応を網羅できるわけではないからです。しかも，読者の皆様には，次の疑問点が浮かび上がっているのではないでしょうか？

　「書かれている内容は，けっこう男の子・男性にも見られることではないの？」，「もっと性教育とか性行動の問題や対応について，書いてほしかった」，「なんか，自閉スペクトラム症が中心になっているけど，ADHDやSLD（限局性学習症）に特有な問題はないの？」，「どの事例を読んでも，私の症状や困っていることと違う！」などです。

　それぞれの疑問点に，ここで答えることはできませんが，こうした疑問点に読者の皆様が気づいてくれること，それ自体が重要だと考えています。われわれ自身も，今回の編集作業を通して，発達障害のある女の子・女性が抱える「自分らしい」生き方をめぐる多様な問題や支援の進め方を再認識する機会になりました。

　特に，筆者が第1章と第5章で述べていますが，新たにLGBTに対する支援が，学校教育等でも見直される時代を迎えて，改めて，男性・女性といった「性」よりも，一人ひとりの個「性」への理解や支援に重きを置く時代を迎えつつあることは事実です。実際に，本書で紹介してきた事例からもわかるように，「性（さが）」は生まれながらに決まっているものと一義的に見ることなく，成長に伴うたくさんの出会いを通して，育まれるものと考える視点が，家族や支援者にとても重要になります。

　ただし，そこには大きな落とし穴があることも忘れないでください。先日の面接でASDの女性が，「周囲の雰囲気が読めるようになったら，今までのような楽しい発想（ASDらしい「こだわり」あるファンタジー）が思いつかなくなりました」と教えてくれました。このASDのある女性や事例で紹介した女の子・

女性達からわかるように，成長することは，「自分らしく」生きるための新たな葛藤に繋がっているのです。ASDのある女の子・女性に関わる専門家，支援者，家族みんなで，この「落とし穴」に注意しながら，当事者が発する「からだ」と「こころ」からの微かな声にも耳を傾けながら，自分自身の時間感覚を維持できる「関係性」を築くことができるようにしたいものです。

　今回の企画が，その一助となると同時に，先の疑問点を含めて，新たな支援への可能性を見出すためにも，多くの読者から忌憚のないご意見・ご批判を賜りますこと期待しております。

　末筆ではありますが，ご多忙にもかかわらず，貴重な事例や体験を投稿していただきました執筆者の方々と，本書の企画・編集等に貢献していただきました金子書房編集部の加藤浩平氏に厚く感謝申し上げます。

いつもより温かさを感じる2月初旬の山口より　　木谷秀勝

著者紹介 (執筆順)

川上ちひろ	(かわかみ・ちひろ)	編者・岐阜大学医学教育開発研究センター 併任講師
木谷　秀勝	(きや・ひでかつ)	編者・山口大学教育学部附属教育実践総合センター 教授
廣瀬　玲子	(ひろせ・れいこ)	広瀬内科クリニック 副院長・岐阜県総合医療センター女性外来 客員部長
岩男　芙美	(いわお・ふみ)	中村学園大学教育学部 助手
岩永竜一郎	(いわなが・りょういちろう)	長崎大学大学院医歯薬学総合研究科 保健学専攻 教授
別府　哲	(べっぷ・さとし)	岐阜大学教育学部 教授
野村　和代	(のむら・かずよ)	常葉大学教育学部 講師
中並　朋晶	(なかなみ・ともあき)	医療法人義朋会 なかなみメンタルクリニック 院長
山口真理子	(やまぐち・まりこ)	下関市こども発達センター 臨床心理士
安田　和夫	(やすだ・かずお)	岐阜聖徳学園大学教育学部 教授
綿貫　愛子	(わたぬき・あいこ)	NPO法人東京都自閉症協会 役員・NPO法人リトルプロフェッサーズ 副代表
永山恵美子	(ながやま・えみこ)	保護者
樋口純一郎	(ひぐち・じゅんいちろう)	神戸市立若葉学園（児童自立支援施設）主任心理療法士
金原　洋治	(かねはら・ようじ)	医療法人社団 かねはら小児科理事長
大賀　由紀	(おおが・ゆき)	下関市こども発達センター診療所長
尾崎　ミオ	(おざき・みお)	編集ライター・NPO法人東京都自閉症協会 副理事長・みつけばルーム 代表代行

※所属・肩書きは執筆時のものです。

編著者紹介

川上ちひろ（かわかみ・ちひろ）

　岐阜大学医学教育開発研究センター併任講師。名古屋大学大学院医学系研究科博士課程修了，博士（医学）。岐阜大学医学教育開発研究センター助教を経て，現職。専門は，医療者教育（多職種連携，医療面接など），特別支援教育における性教育など。おもな著書に『自閉スペクトラム症のある子への性と関係性の教育―具体的なケースから考える思春期の支援』（金子書房，2015），『性の問題行動をもつ子どものためのワークブック―発達障害・知的障害のある児童・青年の理解と支援』（共著，明石書店，2015）など。

木谷秀勝（きや・ひでかつ）

　山口大学教育学部附属教育実践総合センター教授。九州大学大学院教育学研究科博士後期課程単位満期退学。九州女子短期大学講師，助教授，山口大学教育学部准教授を経て，現職。専門は，カウンセリング。青年期ASDの地域支援など。おもな著書に『子どもの発達支援と心理アセスメント－自閉症スペクトラムの「心の世界」を理解する』（金子書房，2013），『発達障害の「本当の理解」とは』（共著，金子書房，2014）など。

発達障害のある女の子・女性の支援
――「自分らしく生きる」ための「からだ・こころ・関係性」のサポート

2019年3月31日　初版第1刷発行　　　　　　　　　　　　　　［検印省略］
2023年2月13日　初版第6刷発行

編著者	川上ちひろ
編著者	木谷秀勝
発行者	金子紀子
発行所	株式会社 金子書房

〒112-0012　東京都文京区大塚3-3-7
TEL　03-3941-0111（代）
FAX　03-3941-0163
振替　00180-9-103376
URL　https://www.kanekoshobo.co.jp

印刷／藤原印刷株式会社　　製本／一色製本株式会社
装丁・デザイン・本文レイアウト／mammoth.
表紙イラスト／べに山べに子

© Chihiro Kawakami & Hidekatsu Kiya, 2019
ISBN978-4-7608-3272-9　C3011　Printed in Japan